Notas

Luciano Duarte

LUCIANO DUARTE
lucianoduarte.com

Copyright © Luciano Duarte, 2020

Todos os direitos reservados.

Texto em conformidade com o Acordo Ortográfico da Língua Portuguesa (1990) em vigor desde 1 de janeiro de 2009.

Dados de Catalogação

D812   Duarte, Luciano
Notas / Luciano Duarte. Belo Horizonte, 2020 (1ª edição). 190 p.
ISBN: 979-85-873-4970-4
1. Não ficção.

Sumário

O "eu"... 5
O ser 43
O meio.. 73
A arte.. 129

O "EU"

Crime e castigo, de Fiódor Dostoiévski. — Na primeira vez em que li *Crime e castigo*, levei dois dias para dar cabo às 590 páginas da minha edição. Foi-me inédito ler um livro com tamanha voracidade. Lembro-me que, num sábado chuvoso, iniciei a leitura por volta das 16h; quando o sol raiou, às 6h do domingo, ainda estava com o livro nas mãos. Censurado pelo sol, optei por dormir algumas horas. Ao acordar, enveredei na sessão de leitura que daria remate ao livro. Mas por que meu encanto? Que é que tem essa obra de tão especial? Para começo de conversa, foi *Crime e castigo* meu primeiro contato com Dostoiévski: nunca havia lido nenhum autor que se aproximasse de sua acuidade psicológica. Lendo *Crime e castigo* senti-me, fisicamente, na Rússia; senti-me, aterrorizado, um assassino e senti-me, em maldição, assolado pela culpa. Pela primeira vez articulei e validei em mente pensamentos niilistas, que brilharam numa lógica incontestável e evidenciaram a mim a relatividade da moral. Páginas depois, tudo isso cai por terra, e Raskólnikov logra conduzir-me junto de si ao abismo. Febril, delirante, faz-me sentir na pele a tensão da culpa, o medo da perseguição. E, em meio a trevas, desesperado e arrependido, ensina-me o que é redenção; junto de Sônia, ensina-me o que é a carne e o que é a alma; e condenado, ensina-me o verdadeiro valor das coisas terrenas. Fechei o livro resoluto: aconteça o que acontecer, serei escritor.

Os sofrimentos do jovem Werther, de Goethe. — Li Werther pela primeira vez e — pasmem! — não gostei. Vinha de não sei qual leitura ou, melhor dizendo, de *A montanha mágica*, de Thomas Mann, e senti o livro ser menor do que é. E a vida, como habitual, fez-me a língua queimar. "Bom, mas piegas. Em determinado momento, enjoa" — foi o que disse ao finalizar a leitura. Não nego: estava em encanto, embriagado do primeiro contato com Mann. Pouco tempo depois, repensei: é bem provável que o problema esteja em mim, não em Goethe. Dei nova chance ao livro — um livro, digamos, de "uma sentada" — e a leitura deu-se da seguinte maneira: senti calafrios, meus olhos pareciam engolir as linhas; por vezes, pensei em pausar, a pensar com calma em tudo o que estava sentindo. Imerso num turbilhão de sentimentos, pensamentos, julgava Werther ao mesmo tempo que empatizava com a narrativa. Quase a chorar, fecho o livro. O veredito: "Junto de *A morte de Ivan Ilich*, de Tolstói, essas foram as melhores poucas páginas que já li em toda a minha vida". E quase esqueço do principal: "Jamais me perdoarei por dizer desse livro enjoativo. Sou, eternamente, um imbecil".

A guerra contra a falsidade. — O despertar de minha consciência deveu-se à percepção da falsidade no mundo. Despertando, o fantasma decidiu travar combate. Oh, guerra inútil, que tanto me atribulou!... Condenar a falsidade é ver-se rapidamente tomado do nojo para com as pessoas, é afastar-se gradativamente de todos, é tornar-se um misantropo. E, sempre em silêncio, transformei-me a mente em um enorme tribunal. Repugnando-me a própria essência, avesso à simpatia, não poderia vivenciar fim diferente... Há uma dose de falsidade sem a qual o mundo não existe. As relações, se não estúpidas e superficiais, valem-se da dissimulação. E o interesse será sempre o principal motor da ação humana. É aceitar, saber lidar ou encontrar, em pouco, a existência insuportável.

O mundo como vontade e representação, de Schopenhauer. — Penso nessa obra sempre em desalento, porquanto ela tratou de atacar violentamente minha já tíbia dimensão humana. A história é antiga. Lembro-me de que, assim que me pus a estudar filosofia, passou a ser recorrente o nome de Schopenhauer. De início, busquei estudar a história da filosofia, em perspectiva abrangente, a possibilitar que estruturasse um plano de estudos de longo prazo para, assim, iniciar-me o contato direto com as obras. Seja qual fosse a fonte, lá estavam palavras amargas direcionadas a Schopenhauer, associando-o a um pessimismo radical, apontando-lhe o viés nocivo da obra. Pouco depois, li um ou dois livros de Schopenhauer: vi inteligência, mas nada de tão calamitoso; deixei-o de lado e prossegui nos meus estudos. Então continuei a ouvir Schopenhauer, sempre Schopenhauer, quando me lembro de que li um ensaio excelente de Thomas Mann, autor que tenho em alta estima, explorando-lhe e externando a influência de Schopenhauer na própria obra, agradecendo por ter lido o filósofo no início da carreira. Entretanto, classifica a obra de Schopenhauer como "filosofia para jovens", dizendo, em seguida, Schopenhauer ter trabalhado até o final de seus dias para justificar, com "sinistra fidelidade", uma filosofia juvenil. Este trecho matou-me o interesse por Schopenhauer, e ignorei tudo o que o próprio Thomas Mann havia dito a respeito das marcas profundas que Schopenhauer gravou-lhe para o resto da vida. Quer dizer: eu, aos vinte e poucos anos, achava-me imune a qualquer tipo de "filosofia para jovens", imune e desinteressado. Então o tempo correu. Mais à frente, Nietzsche, que tantas vezes grafou o nome do ilustre compatriota. Antes de Nietzsche, e mesmo antes de estudar filosofia, Machado de Assis, cuja obra prendeu-me e encantou-me por anos a fio. Quando passo a estudar Machado de Assis pela crítica, o susto: influência notória de Schopenhauer. Então me decido: lerei este tal *O mundo como vontade e representação*. Hoje, é difícil encontrar palavras para descrever esse livro e seus reflexos em minha vida. Recordo Thomas Mann associar Schopenhauer à busca pela morte em vida: talvez seja uma boa definição para a obra. O que posso dizer é que, para mim, foi leitura sem volta. Há evidente sabedoria no livro, que não é senão uma extensa meditação. Mas essa obra, se lida como se deve ler qualquer obra, com sinceridade e dando crédito ao autor, é um autêntico veneno, e talvez o mais potente. Aí está: li O *mundo como vontade e representação* e tenho estima, admiração por Schopenhauer; mas Schopenhauer, terminantemente, não é autor para mim, um indiferente nato, misantropo incurável, várias vezes acusado de insensível e com ceticismo correndo pelas veias. Schopenhauer cuidou atrofiar-me ainda mais a dimensão humana, exterminou-me as ilusões, contaminou-me para sempre. Hoje em dia é moda ter "opiniões", "convicções", ler um livro e dizer "concordo" ou "não concordo". Quão fácil seria minha vida fosse-me a mente adepta a tal simplificação... Leria O *mundo como vontade e representação* e diria, com dedo em riste: não concordo! Terminei a leitura, pois, e julguei nada tivesse ocorrido. Segui meus estudos, toquei adiante. Via-me imerso em alguns autores franceses. Os meses passaram, e senti-me imune à filosofia exposta no livro. Quanta ingenuidade... Precisou correr um ano para que eu percebesse ecoando em minha mente, todos os dias, as palavras desse livro infesto: "felicidade é não sofrer", "o desejo é fonte inesgotável de sofrimento", "negar o desejo", "negar a vida"... E percebi-me impregnado até a unha de indiferença, alheio a tudo o que um dia valorizei. Julguei-me os atos e vi que nada mais havia que me fosse caro como outrora, tornei-me um túmulo, distante de todos, inclusive os mais próximos. Eu, que nunca fui fã de mim mesmo, que sempre me julguei nocivo, pernicioso, menos humano que os demais; eu, que sempre fui contra os meus próprios instintos, tendo-me em péssima estima, medindo palavras o tempo inteiro a não frustrar as pessoas, vi robustecer e solidificar-me quiçá para sempre o lado mais sombrio, mais detestável de minha personalidade. Tudo contra minha própria vontade, imposto, impelido por esse maldito *O mundo como vontade e representação* que, mesmo que eu tente negar, talvez tenha sido a leitura mais impactante de toda a minha vida.

O meu bisavô materno. — Há uma reflexão filosófica que me importuna com regularidade espantosa, e pode resumir-se na seguinte pergunta: "Qual o nome do meu bisavô materno?". Sempre me ocorre da mesma maneira. De início, a questão toma-me a mente; percebo e silencio. Então, recusando-me a respondê-la — e eu já sei que sei a resposta — tento pensar em outra coisa, qualquer coisa. Mas me volta a indagação, renitente e insuportável. Vejo-me obrigado a replicar o óbvio: "Eu não sei". Tenho de admitir: a reflexão é-me de grande valia quando me vejo a mente dar as mãos à estupidez, pensando minha vida ter alguma importância. Minha mente também é cínica... Estou às vezes a julgar: "Isso pode ser útil a alguém", mas ela vem e interpela-me: "E como é mesmo o nome do seu bisavô materno?". Todas as vezes, respondo em espanto: "Eu não sei". E a reflexão prossegue, sempre, da mesmíssima maneira. Busco a resposta, não encontro. Penso: "Não é possível!". E forço a memória, procurando contatos comuns: "Alguém já deve ter-me dito...". Insisto até desistir, quando me vem um lampejo: "O nome de meu bisavô eu não sei, mas certamente está na ponta da língua o nome de minha bisavó materna!". Faço-me a nova pergunta: "Qual o nome de minha bisavó materna?". A resposta tarda, mas vem óbvia e idêntica: "Eu não sei". Então começo a torturar-me: "Quer saber, preciso de um cigarro!". Levanto-me da cadeira: "Cigarro faz bem para a memória!". Vou à janela e ponho-me a fumar. É impossível que eu não saiba o nome de meus bisavós maternos! Devo estar com algum problema, e o cigarro me ajudará a solvê-lo. Fumo observando a fumaça: sou fascinado pela fumaça. Ela brota, vigorosa e espessa, da ponta do cigarro; sobe ao céu como que dançando; mas, antes que a dança possa entreter, possa ensaiar algum ritmo, subitamente a fumaça se esvai, perde-se, não deixando de si nenhum vestígio. O cigarro faz efeito; tenho uma nova ideia: "O problema está em minha família materna!". Articulo nova pergunta, animado, a esperar resultado diferente: "Qual o nome de meu bisavô paterno?". Reflito. Em poucos segundos, perco o sorriso da face. O cérebro ainda trabalha, esforçado. Pois me ponho inquieto, a querer negar a resposta óbvia. Penso: "Bisavô é o pai do meu avô, ou da minha avó. Duas chances!".

Mas a resposta é a mesma, rígida e impenetrável: "Eu não sei". Começo a meditar que é uma questão de honra: preciso saber se descendo de padre ou ladrão! Mas forço a memória e me não lembro de nada, nenhum resquício de parente dizer Fulano de Tal ser estivador, marinheiro, padre ou dono de bordel. E aí está tudo: eu não sei o nome dos meus bisavós, simplesmente não sei e não há solução. Irritado, alvejo-me a mente a pedradas: "Por que sempre a mesma pergunta? Por que a insistência?". Mas sei que continuarei a perguntar-me, obtuso, a ver se algum dia encontro resposta diferente. Não encontrarei. Finalmente suspiro, impotente: "Qual, então, a razão de tudo isso?". A conclusão é óbvia, e também sempre a mesma. Apego-me aos cacos: "Que me valha a consciência, pois de mim não sobrará uma única e escassa palavra".

Particularidades psicológicas. — Acho incrível como meu absoluto desencanto com o mundo se não tenha convertido em morbidez. Em geral, estou sempre bem-humorado, rindo em pensamentos, ainda que a experiência já se me afigure como esgotada. É verdade: não sou bem-humorado a muitos mais do que a mim mesmo, mas julgo como quase um milagre ver-me sorrindo, a desejar uma vida absolutamente medíocre sobre o ponto de vista dos homens de meu tempo. Tamanha incompatibilidade de gostos, hábitos, interesses e temperamento poderia mais logicamente desaguar em tristeza, angústia, apatia e desespero.

Crítica e profecia: a filosofia da religião em Dostoiévski, de Luiz Felipe Pondé. — Fechei essa obra e senti-me, pela primeira vez, absolutamente humilhado por um livro. Pensei, convicto, que possuía algum défice de inteligência. E dei graças a Deus jamais ter publicado uma linha. Eu, vejam só, já era leitor de Dostoiévski, e havia lido seis de seus livros, incluindo os principais, com exceção de *O idiota* — e agradeço não ter taxado o livro de cômico... — Pensava, entre outras coisas, o seguinte: sou imune ao niilismo. Para mim, a resposta estava clara em Dostoiévski, e nunca sequer questionei: "Dostoiévski passou a vida falando de niilismo, escreveu centenas de linhas sobre niilismo. Quem sabe o tema seja relevante?". E Pondé, dando-me as boas-vindas e ensinando-me a usar o cérebro, atirou-me num abismo niilista, onde senti a existência pesar. Li seu ensaio e vi que, apesar de duas ou três mil páginas lidas, não sabia absolutamente nada de Dostoiévski. Para resumir: jamais havia percebido as manifestações de Deus em Dostoiévski, o que me permite rematar: não fazia ideia de quem era Dostoiévski. Claro, vi Deus quando Sônia lê a passagem de Lázaro a Raskólnikov, mas nunca vi Deus no silêncio. E aí está tudo: Pondé mostrou-me que, em Dostoiévski, Deus se faz presente no silêncio. Fechei o ensaio resoluto: preciso, urgentemente, deixar essa coisa de estudar. Mas, já de cabeça fria, agradeci existir um Pondé. E disse para mim: lerei novamente cada um dos livros de Dostoiévski. Hoje, creio ter acertado na escolha.

Escrever para o cinema. — Creio ter sido Faulkner que disse o quanto escrever para o cinema prejudica a criatividade de um autor. É claro, Faulkner é mais autoridade para falar sobre o assunto, mas não creio que o cinema apenas mine a criatividade de um escritor. Escrever para o cinema, em meu caso, foi de profunda importância. Para os que nunca leram um roteiro — e que não perdem muita coisa: — o texto cinematográfico, quando bem escrito, é de extrema objetividade: a cena descreve exata e somente o necessário para ser inteligível. Quase não há adjetivos, uma personagem jamais se apresenta com "olhar vagueando por devaneios cálidos", e as janelas em hipótese alguma são "tristes e sombrias, varadas por uma fraca luz que desfalece em meio à penumbra". É verdade, é verdade: há menos arte num roteiro de cinema do que em Tolstói. Porém, escrever para o cinema obriga o escritor a perguntar-se: qual o objetivo desta cena? Qual a função deste objeto, personagem ou inflexão? É mesmo necessário este trecho? Qual, antes de tudo, o objetivo, a mensagem deste filme? A cena que estou escrevendo contribui, de alguma maneira, para o enredo? possui alguma ligação direta com a mensagem principal? O filme pode ser resumido, sumariamente, nos três atos da tragédia grega? O clímax convence? está bem amparado? Há justificativa dramática e psicológica para as ações das personagens? Poderia continuar citando, mas basta. O que penso, pois, é que esse tipo de pergunta parece-me fundamental para qualquer texto artístico e, humildemente, creio ser necessário fazê-las de forma metódica. Faulkner talvez não diria o mesmo mas, particularmente, dou graças ao cinema por tê-las entranhadas em minhas veias.

Voto de silêncio. — Há um personagem em meus contos que, fazendo voto de silêncio, diz o seguinte: "a paz de espírito é a surdez". Esse personagem sou eu, em minhas insuportáveis reflexões. Não há nada capaz de irritar-me mais do que a palavra, o rumor de voz humana. Digo isso e certamente aparento fazer piada. Mas, sempre que imagino um mundo perfeito, não há ruído: o silêncio é absoluto, imperturbável. E fico a pensar em quanto tempo passarei a me irritar também com a palavra escrita. Sejamos razoáveis: não tenho trinta anos, mas já tenho quase setenta. E se, em razão do avanço da idade, por uma compreensível e até natural diminuição de minha tolerância com as coisas, os signos gráficos passarem a incomodar-me? Bom, então realmente não sei o que mais a vida poderá guardar a mim.

Gulliver's Travels, de Jonathan Swift. — Primeiro, o especialista; depois, o amador. Comentários de Otto Maria Carpeaux sobre *Gulliver's Travels*:

"Jonathan Swift — clérigo humanista, fiel-infiel à Igreja da qual era sacerdote — é um dos maiores satíricos da literatura universal, talvez o maior de todos. Gulliver's Travels é o livro mais cruel que existe. As atividades febris e inúteis dos anões de Lilliput ridicularizam a vida parlamentar na Inglaterra do século XVIII e em todos os países e épocas

de política constitucional e profissional. Esboçando esse panorama político, Swift lembrou-se dos seus tempos de panfletário a serviço do partido conservador, dos tories; é uma sátira mordaz contra os whigs. Mas logo depois, Swift descreve o regime patriarcal no reino dos gigantes de Brobdingnag; e este não é nada melhor. Ao contrário, o tamanho dos gigantes torna grotescamente enormes todos os pormenores, isto é, as infâmias das "classes conservadoras". Tampouco são melhores os intelectuais que, no país de Laputa, vegetam como imbecis completos. Na última parte, o elogio dos Houyhnhms, isto é, dos cavalos, mais nobres e mais inteligentes que os homens, é a condenação absoluta do gênero humano in totum. Enfim, o episódio dos Struldbrugs, que devem ao progresso científico a imortalidade da vida, não escapando, porém às doenças, fraquezas e senilidade da extrema velhice, e que não conseguem morrer, já condena a própria vida. As inúmeras digressões espirituosas e mordazes — a descrição dos horrores da guerra como se fossem as coisas mais naturais do mundo, o escárnio dos dogmas e ritos cristãos, incrível na boca de um alto dignatário da Igreja — revelam em Swift o representante mais radical do racionalismo na Ilustração; nem sequer Voltaire ousou tanto."[1]

De minha parte, digo o seguinte: *Gulliver's Travels* foi, talvez, o livro que mais me marcou. Sem-

---

1 CARPEAUX, Otto Maria. *História da literatura ocidental*. Brasília: Senado Federal, 2008. v. 2.

pre volto a ele, releio passagens, e tenho-o pulsando em mim. Quando escrevo e, por um momento, creio exagerar em meus julgamentos, penso em Swift. Lembro-me que Nelson Rodrigues disse uma vez que a ficção, para ser purificadora, precisa ser atroz. Segundo esse raciocínio, poucos livros purificam tanto como *Gulliver's Travels*; julgamento de que compartilho. A "grande alma, nobre e ferida" de Swift — ainda usando palavras de Carpeaux — é capaz de impregnar-nos de um profundo desconforto e repulsa para com nossa natureza; porém, sem dúvida, acaba tornando-nos melhores.

Natureza... — Não sou entusiasta da natureza — pedras! — Sei que, para muitos — todos? — a palavra natureza inspira uma paisagem silenciosa, pura como uma fresca nascente a deitar no tranquilo ramalhar das árvores sob o brando movimento das águas. A mim, não. Quando penso em natureza, minha mente associa — e me não pede permissão! — primeiramente, à imagem de uma mata fechada; em seguida, à sensação de meus pulmões sendo insuflados de ar puro e, bruscamente, ouço um zunido insuportável de mosquitos, que se transforma no silvar agressivo de uma cascavel. Assustado, sinto um arrepio. Sim, sim: minha casa é a poluição e o cinza.

Ideias venenosas. — Tenho algumas ideias bastante venenosas, por exemplo, esta: só atingirei a plenitude no dia em que não souber dizer o nome do presidente do meu país. Confesso, tenho-me esforçado: já não leio notícias quaisquer, não ligo uma televisão há anos, não sei dizer quem é o atual vice-campeão brasileiro e outras façanhas. Mas sei que a plenitude, a paz de espírito e a sabedoria só virão no dia em que me perguntarem: Em quem votaste para senador? Que pensas do novo projeto de lei? Que achaste da nova composição ministerial? E para todas estas eu não responder senão com um sorriso sarcástico na face.

A substância destas linhas. — Atiro estas notas como se estivesse fumando, e meu prazer não consiste senão em vê-las se perdendo no ar. A mim, a graça de escrever parece-me saber da inutilidade das palavras, saber que elas se dissolvem e voam. Há na arte, entretanto, algo de nobre: a renúncia à vida. Batendo no teclado abstenho-me do tédio de viver, num desinteresse genuíno e total. A vida nada me pode oferecer, e nada espero dela. Brinco ritmando as frases, alternando a colocação das palavras, pensando em imagens e rindo-me ao conversar com o computador. Para além da janela, o mundo prossegue como habitual. Mas o mundo me não insufla senão de repulsa. Refugio, pois, cá como em uma caverna, um retiro, onde acho graça dizendo em silêncio, para ninguém, distante do rumor insuportável da vida. Sei que estou a construir castelos de areia, contudo aí está a substância que permeia estas linhas: a indiferença.

Um mestre emérito em cinismo. — Sempre busco inspiração em Emil Cioran, filósofo romeno que radicou-se na França, rompeu com o próprio idioma e tornou-se um dos maiores prosadores da língua francesa. Moralista feroz, dotado de erudição invejável, é comum vermos em Cioran uma sentença cruel intercalada com alguma metáfora absurda, cômica ou risível. Isso, desde a primeira leitura, causou-me impressão fortíssima, no início gerando uma certa incompreensão. Zombaria em meio a assuntos morais? Foi que percebi o óbvio: é impossível refletir em profundidade não dispondo de senso de humor. Nosso fim é o pó, nossa existência um sopro; estupidez é levar tudo tão a sério. E como as coisas mais graves não são em essência senão passageiras, tudo é passível de riso e escárnio. Ou seja: a verdadeira inteligência manifesta-se através do bom humor. Cioran ensinou-me a rir dos outros, do mundo, da morte e de mim mesmo. Com ele aprendi a provocar pela graça, a desdenhar pelo charme, a denegar para provar a mim mesmo que não me apego a nada. Descobri que o cinismo é nobre enquanto face exaltada do bom humor; é sinal de maturidade, e não o contrário... Assim, às vezes imagino-me estirado numa cama diante da morte. Tenho ainda um último desejo: posso pedir a salvação da humanidade, uma dose de morfina, o que eu quiser. Mas vou morrer, isso é certo. Então alço a vista e dirijo-me ao vulto que acompanha o meu suplício: "Por favor, por favor... conte-me a última piada".

Cura da velhice. — Acompanho com muito entusiasmo as novidades científicas a respeito da cura para a degeneração das células. Sonho com o dia em que será possível comprar um comprimido — ou uma goma de mascar, talvez... — capaz de evitar o envelhecimento, mantendo o corpo saudável e no auge da forma para sempre; assim, só uma fatalidade poderá tirar a vida de um ser humano. Pois bem. Sonho com esse dia para usar da volição que me resta e dizer: essa agulha jamais me espetará! pertenço a uma casta que esmorece em vida e desintegra mastigada pelos vermes!

Julgamento: ato insuportável! — Nada me é mais insuportável que o julgamento! Como, desde há muito, percebi que não posso deixar de fazê-lo, — ainda que de forma impessoal, — aprendi a cultuar o silêncio. Silêncio que, a aparentar exteriormente a paciência e serenidade, implica uma interminável guerra interior. Odeio o julgamento e, ainda assim, julgo o tempo inteiro. Aniquilo-me quando me vejo a condenar condutas, e condeno todas, principalmente a minha. Pudera eu enforcar esses rompantes terríveis do juízo! Mas não há fim, nem sossego, e considero-me vitorioso por conservar um aspecto mínimo que remeta à humanidade.

Sarcasmo, sarcasmo... — Vocês acabarão concluindo que sou incapaz de me afeiçoar: muito bem, muito bem... quase lá! E chegará o dia — isso parece-me evidente — em que eu não mais me suportarei. Pois a conclusão é óbvia: vejo em tudo mazelas... e a mim mesmo não me julgo demasiado especial... Contudo me agrada o meu cinismo, e isso dá-me forças, distingue-me do mundo em redor. Penso por quanto tempo... Mas que opções teria ao meu feitio exótico? Digo: já estou contaminado. Poderia eu, hoje, neste estado, dizer palavras de esperança? Poderia crer-me uma exceção? Fazer de minha mente um teatro (como faço de minhas relações)? De forma alguma... meu cinismo jamais permitiria. Não vejo nos outros senão o que habita e lateja em mim mesmo, portanto encabeço, sem dúvida, a lista de meus condenados. Com a diferença, claro, da consciência e do sorriso sarcástico na face...

Convicções. — As convicções nunca deixam de espantar-me. Quero dizer: já há muito que estudo, estudo e estudo e ainda assim não consigo formular uma única certeza. Em tudo quanto penso sempre encontro exceções... Nada, nunca encontrei nada de absoluto e irrefutável, ainda que procurando como um doente obsessivo. Pois que chegam a mim, de todos os lados, resoluções quanto à vida, respostas convictas às perguntas mais complicadas, que mais escapam a qualquer tipo de razão, definições sobre aquilo que ultrapassa todos os limites... tudo isso envolto numa simplicidade espantosa. Não posso deixar de notar que toda afirmação convicta carrega uma empáfia que a mim é intolerável. Por isso me não identifico, definitivamente, com nenhum que julgue possuir "respostas" de nenhuma espécie. A mim, a reflexão só prova a impossibilidade de obtê-las em definitivo. Não desconsidero, talvez, a minha própria incapacidade... Mas julgo os fenômenos mais interessantes se não resumidos em meia dúzia de sentenças.

A vida intelectual, de A. D. Sertillanges. — Este, sobretudo, um livro prático: um manual destinado a todos aqueles que buscam estruturar uma vida que exceda a banalidade cotidiana. Quando, lá pelos meus vinte anos, deparei-me com esta obra, encontrei justamente o que precisava: a motivação e os meios para arquitetar um plano de estudos de longo prazo, reconhecendo a importância dos hábitos, da seleção das leituras, do recolhimento, em suma: da organização da vida para o progresso intelectual. E lembro-me o prazer em respirando as belas páginas de Sertillanges, dotadas de serenidade contagiante, justificando, elevando e enobrecendo o trabalho intelectual. Sem dúvida, é livro para fechar inspirado, agradecido e motivado.

Ulysses, de James Joyce. — Li, por esses dias, o nosso Paulo Coelho dizendo que o Ulysses inteiro resume-se em um *tuíte*. Parece ele ter feito a afirmação em 2012. O livro, a quem não conhece, é quase uma unanimidade na crítica. Nossa Folha de S. Paulo, por exemplo, deu-lhe o título de maior romance do século XX. Confesso: sou traumatizado com Ulysses; há alguns anos, abandonei-o pela página 400. Durante a leitura, fui torturado, desde o início pensando em fechá-lo; porém, sempre concedendo novas páginas de crédito ao autor. Pois o fechei, irritadíssimo e convicto: "isso não é literatura". Então peguei algo de Dostoiévski. Foi há bons anos atrás. E hoje repenso: sempre que me vejo convicto, logo me vejo um idiota. Ulysses é literatura. Não voltei ao livro, mas estou certo de que é, e que eu simplesmente não tinha capacidade para lê-lo. "O livro não diz nada..." — diz muito. Leopold Bloom é desprezível, está certo. Mas quantos o não são? Penso em Eça. Já muito se taxou os personagens de Eça como frívolos. Olho em redor. A literatura é, também, a arte da linguagem. Que dizer de Eça e James Joyce neste quesito? E volto: que mais a realidade se parece: frívola ou impregnada de sentido, quase a estourar de sentido? As pessoas passam os dias em banalidades, morrendo como moscas, ou fazem história de segunda a sexta? Exercem funções inúteis ou marcam época a cada dia? Então penso em meus textos: trágicos, de um moralismo feroz. Não serei eu o oposto de Eça, o oposto de Joyce e, quem sabe, o oposto de um artista?

A melhor de todas as épocas. — "Em qual época você teria vivido, se pudesse escolher?" — atiram-me a pergunta intempestiva. Desprevenido, não consigo responder de pronto. Nem após reflexão. Ponho-me novamente diante da questão. Meu primeiro impulso é pensar: "Melhor seria não ter vivido nunca..." — mas recuso a ideia, não faz o meu perfil... Então penso nas variadas épocas e inevitavelmente sou levado a pensar nos variados lugares. Onde eu gostaria de ter nascido? Penso e, incrivelmente, tudo perde o brilho: vejo tão somente o que seria insuportável a mim em todos os tempos e em todos os lugares. A precariedade do asseio corta de antemão todos os séculos que precedem o XIX. Vejo-me com o horizonte crassamente reduzido. Em seguida, a mente obriga-me a cortar tudo que esteja entre os trópicos: antes a forca que o calor doze meses ao ano... Então vejo minha graúda intolerância exterminar o tempo e o espaço. Sou assim tão difícil de agradar? tão afeito aos costumes? Penso na América. Grande América... Mas mesmo a América apresenta-me um grande problema: o americano; assim como a França o francês e a Alemanha o alemão. Viajo de norte a sul, percorro em mente os 360 graus do globo e volto dois séculos no tempo. Não sorrio, e chego à incrível conclusão que de todas as épocas, em todos os lugares, o melhor é estar exatamente onde estou: sozinho, no silêncio, vendo entrar pela janela a fresca brisa da chuva que cai lá fora...

Deixar que o absurdo verta. — Toda vez que me espanto de algo que escrevo, reflito: ficará do jeito que está! Pois se altero, censuro-me, encerro minha imaginação entre grades, limito meu horizonte criador. E se dou vazão ao absurdo, ao espantoso, executo exatamente o contrário, estendendo-me os próprios limites, alargando-me a dimensão geratriz. Assim me acostumei a desgostar de meus textos; sumariamente, aprendi a jamais usar do bom senso para censurar-me a expressão.

Amy Winehouse. — Imagino-me após um ano casado com Amy Winehouse. Já seria impossível qualquer tipo de contato físico; haveria, entre nós, uma repugnância pungente e total. Não haveria diálogo; claramente, não teríamos sequer afinidade de caráter. Se alguma paixão tivesse precedido o matrimônio, então ela agora estaria devidamente sepultada, arrefecida pelo tempo e pelas discrepâncias de temperamento. Com absoluta certeza, já estaria sendo traído a descoberto. E então me imagino, no quarto ao lado, ouvindo-a diariamente a ensaiar. Não pediria o divórcio.

O leitor do futuro. — Às vezes me imagino diante de um leitor do futuro. Sou, para ele, um completo estranho; um bicho, diria... absolutamente incompreensível. Nossos hábitos não condizem, não temos afinidade de gostos, nossos gênios são, exatamente, opostos. Que pensaria ele de mim? Ora, tudo quanto se pensa de um animal pouco evoluído. E se meus costumes lhe causariam espanto, bem sei que jamais lhe obteria qualquer aprovação. Pela lente do leitor do futuro, observo, por exemplo, minha aguda misantropia: quanta repulsa! quanto estranhamento! Como é que pode um sujeito moderno se inclinar à solidão? E se não bastasse a expressão desdenhosa, vejo-a facilmente se transmutando em ódio, uma vez percebendo o desdém recíproco. Esse bicho, em verdade, merece umas boas pauladas! É um verdadeiro câncer social! Risos, muitos risos... mal sabe o leitor do futuro que o bicho é psicologicamente castrado, que a ele repugna a multiplicação. Mas talvez o bicho delire, uma vez fantasiando esse leitor do "futuro"...

Motivação reversa. — Finalizo, após longo dia de trabalho, o enredo de meu segundo livro. Tenho, agora, trinta contos finalizados, em volume já revisto, e dezesseis poemas prontos para publicação. O trabalho destes dias é um romance que finalizarei nos próximos meses. Definido o enredo, assusto-me: horrível! Horrível e frustrante... Sinto, de antemão, repugnância pelo que me porei a escrever e meu desejo sincero é atear fogo a tudo quanto escrevo, desistir imediatamente da empreitada que me tomará um tempo enorme, um esforço psicológico descomunal e noites amargas pensando no que escrevi. Porém percebo que, se o fizer, já me não sobrará razão para acordar. Vejo rindo para mim esse sarcasmo terrível e, sabe-se lá de onde, vence-me um estranho sentido de dever que, incrivelmente, imbui-me uma motivação inabalável. Desgostoso, encontro-me dependente e refém deste dever.

Aprender latim de forma independente. — Diante de uma língua que parece jamais se entregar, frustrado em leituras que simplesmente não avançam, penosas, exigindo-me interrupções constantes, quebrando-me o raciocínio e escondendo-me terminantemente o ritmo dos textos, penso que aprender latim de forma independente talvez seja como construir um prédio de cinco andares, desde a fundação até o acabamento, com instalações elétricas e hidráulicas, sem dispor de manual algum nem auxílio de um único operário. Para que tudo isso? Agrada-me o masoquismo intelectual? ofender-me, diversas vezes ao dia, ao ver-me pela centésima vez pinçando a mesmíssima palavra no dicionário? Um mistério... Por esses dias vi uma professora de inglês a ensinar-lhe à aluna: "Enquanto continuar a traduzir, você não irá aprender". Desde então estudo latim sorrindo. Olho-me ao caderno, com duzentas páginas de traduções e anotações que parecem grafadas a sangue, ciente de que, tendo em mãos um original latino, não serei capaz de avançar. Mas aí está, querido Latim: eu continuarei sorrindo enquanto você me humilha e me açoita. Para mim não faz diferença... Sei que o cérebro humano aprende à base de pancadas. Pode atirar-me seus pronomes terríveis, verbos depoentes, defectivos ou semideponentes, duplo acusativo ou dativo, embaralhar a ordem das palavras, fazer-me consultar pela milésima vez o significado do mesmo advérbio... Tanto faz. Estarei sempre pensando na professora a ensinar: "Pense em inglês, pense "*cat*", pense "*dog*", pense "*bird*"...". E meu caderno, comprado já nem sei em que ano, continuará a ser preenchido, uma página por dia, até que você desista e se renda à minha obsessão de parvo. Estamos combinados!

Ato de renúncia. — Entendo a publicação como um ato de renúncia. Publicar é, sumariamente, desistir de aprimorar um texto. De minha parte digo: estas notas são escritas ao sábado, ou antes: escritas durante a semana, enquanto tento dormir, então reescritas ao sábado e abandonadas, impreterivelmente, aos domingos, quando lhes agendo a publicação. Sempre publico em desalento, decidido a fazer melhor na próxima semana. E o mesmo digo aos livros: tenho, finalizado, um volume de trinta contos, ao qual sequer posso olhar e que ainda não publiquei por motivo específico. A mim são linhas mortas, incorrigíveis, que virão a público em breve concorde eu com isso ou não. Poemas finalizados, idem: não posso lê-los, repugna a mim tê-los em contato visual. E só assim consigo trabalhar. Não me fosse possível esquecer-me as falhas, ignorá-las, então certamente estaria, ainda hoje, escrevendo meu primeiro conto.

Preceito simplíssimo. — Vejo-me a produção avultando, a obra destes dias tomando corpo e, sistematicamente, os progressos aparecendo. Foram já 25 mil palavras que saíram leves, — por favor, não me lembrem da revisão... — de setecentas a mil por sessão de trabalho, com dias bons — têm sido maioria — somando duas sessões diárias, sem maiores problemas com o enredo traçado, as personagens tomando dinamismo, tudo correndo muito bem... Vejo que tudo isso é decorrente de um preceito simplíssimo: sentar e escrever. Se perco a manhã, paciência, mas a noite jamais falhará. E se me vejo indisposto, novamente paciência, mas tenho de escrever, porquanto escrever é-me prioridade inarredável. Assim consigo progredir, encontro-me em pouco mais de vinte dias com quase metade de um volume escrito — sei, sei, ainda não revisado... — e tudo parece caminhar cada vez melhor. Não sei em que nível a experiência me porá a produtividade em alguns anos, mas, por ora, sinto-me com manifesta satisfação.

Planilhas, planilhas... — Causa-me estranhamento o mundo ter existido por tanto tempo sem planilhas de controle. Às vezes me recuso a acreditar, mas, dos anos 80 do século passado — pelo menos — para trás, as pessoas viviam sem planilhas. Meu cérebro trava: como? Impossível! E convenço-me de que, deletando-me as planilhas, o meu lar imediatamente pegaria fogo. Não há tarefa rotineira que não exija uma planilha: desde às compras do supermercado ao acompanhamento de leituras. Controlar o peso, o nível de gordura corporal é importantíssimo. Os filmes assistidos, o fluxo de caixa mensal, a carteira de ativos, as horas em estudo de idiomas, as bebidas alcoólicas especiais consumidas ao longo dos anos, o planejamento de exercícios físicos diários... todas essas são planilhas obrigatórias, essenciais à vida. Há outras, várias outras. E espanta-me o seguinte: como escrever um livro sem uma planilha? Fosse elaborar um guia a detalhar o processo de escrita, o primeiro e obrigatório passo seria: criar uma planilha de acompanhamento, listar o planejamento dos capítulos, definir-lhes a extensão média e, só então, pensar no que escrever. Diria até que, em muitos casos, a planilha é anterior à ideia ou, ainda, a ideia só é possível com a planilha. O mundo é uma piada...

Violando regras. — Acabo de acompanhar, encantado, um policial a trafegar na contramão, sem o cinto de segurança, e estacionar com uma das laterais sobre a calçada. Estacionou e parecia observar uma árvore do outro lado da rua. Incrível!

Fantástico! E não pude conter o desejo de eu mesmo replicar a ação. Quero trafegar na via contrária, subir na calçada e observar uma árvore, como a verificar se ela está nos conformes. Será que o policial paga multas? Eu não quero respeitar as leis! Ah! ah! ah!... Quero estacionar, diante de uma placa, em local proibido. E ignorar o parquímetro! Inspiração, ídolo este policial... E com este sentimento inicio-me, hoje, na obra de Henry David Thoreau. Conta-me, mestre, o que aprendeste catequizando bichos na floresta? Não gosto tanto assim de animais selvagens, mas quem sabe?... Quero isolar-me, dar o cano em todos os impostos, transgredir todas as regras. Ensina-me?

O Poema triangular. — Tive um sonho. Deu-se o seguinte: compus um poema intitulado "Poema triangular". Basicamente, levei 5 minutos para reunir inúmeras palavras relacionadas a um triângulo, como "aresta", "vértice", "ângulo", "cateto" etc. Em seguida, passei a organizá-las em versos, de maneira a realizar-lhes no comprimento uma progressão descendente, a conseguir que o poema aparentasse esteticamente um triângulo. Assim, compus 9 versos (9 é 3 vezes 3), repetindo as palavras e alterando ligeiramente as construções. Se não me falha a memória, o primeiro verso era "O ângulo da aresta do cateto do triângulo: ângulo". Os outros eram semelhantes — diferentes — e o poema me não custou mais do que trinta minutos. Pois bem: publiquei-o e, imediatamente, fui aclamado o "maior gênio da poesia brasileira", o "príncipe dos poetas" — agradou-me este último... Ouvi de todos e unanimemente que havia atingido a perfeição estética, que havia composto o maior poema da literatura universal. E, de repente, passei a palestrar, conceder conferências em todo o Brasil. Em um ano estava rico e, de poema traduzido em mais de 30 idiomas, recebi o Nobel. Acordei assustado, quando deliberei atirar-me pela janela...

Filosofia na literatura e literatura na filosofia. — Engraçadíssimo meu perfil como leitor: na literatura, irrito-me facilmente com meia página de *small talk*; na filosofia, ainda que aceite textos calcados exclusivamente na lógica e precisão, textos, em suma, a aparentar acadêmicos ou científicos, impressiono-me ou, antes, busco a potência de expressão, e agrada-me o uso de imagens e metáforas a representar ideias. Quer dizer: gosto da filosofia na literatura e da literatura na filosofia. Curioso...

Mil vezes perdão... — Perdão, mil vezes perdão, mas custo a aceitar... Quase todos os 154 sonetos de Shakespeare sobre o mesmo tema, quase toda a poesia lírica de Camões entoando o mesmo lamento... Como é possível? Digo e penso-me um bárbaro, amputado de minha dimensão humana. Mas não consigo engolir. Paciência... Não consigo e não há o que fazer. Eis a verdade: há uma espécie de sofrimento que jamais me arrancou um único suspiro, não me desperta a compaixão e por vezes me provoca o riso. Ó indolência! Ó crueldade!... acabarei muito, muito mal convosco...

Rindo-me do que enfurece... — Reparo-me com enorme contentamento os desacatos à polícia da linguagem que, como a polícia dos costumes, pretende-se senhora da razão. Acho engraçado e orgulho-me da rebeldia. Sinto-me chegado, pois, dos crucificados que sempre me despertaram a admiração...

Um animal inadaptado. — Uma vez a cada dois anos, sou forçado pelo Estado brasileiro a sair de minha casa e dirigir-me a uma seção eleitoral. O Estado, autoritário, obriga-me sob a ameaça de complicar-me a vida, caso não cumpra com a obrigação que contraí sem nunca ter assinado um termo de consentimento. Por isso, religiosamente, uma vez a cada dois anos estou, a pé, dirigindo-me a um lugar que não quero, para enfrentar uma longa fila que me desgosta e digitar números que não me agradam em uma urna eletrônica. Assim procedo desde a maioridade. Pois bem. Dado o pretexto, a piada: notei, neste 2020, jamais ter votado em um candidato que venceu para nenhum cargo, seja municipal, estadual ou federal: sempre escolho o que perde. Penso e automaticamente o sorriso brota-me na face. Alegro-me toda vez que noto uma evidência de que não sou como as outras pessoas. Tenho, pois, nova confirmação do que já sei: sou um animal inadaptado, não tenho nenhuma semelhança de ideias, temperamento ou qualquer outra coisa com as pessoas que me rodeiam. E se o futuro do Brasil depender de que eu acorde num domingo, enfrente uma fila e eu tenha direito de escolha (o que, naturalmente, não tenho, a despeito das aparências), o país está lascado...

Um animal inadaptado [2] — Forçado a esperar numa fila, sem nada para ler, aproveito o momento em divertida atividade: arriscar uma lista das coisas que mais detesto. Vamos lá: (1) dissimulação, (2) burocracia, (3) demagogismo, (4) grupos de pessoas, (5) *marketing*, (6) expansividade, (7) ruído de vozes humanas, (8) conversação fútil... Listo e tenho uma ideia. O sorriso é imediato. Novamente, percebo-me um animal inadaptado. Considero, talvez, que minha existência seja um enigma evolucionista. Possuo incontáveis manifestações contrárias ao meio, de forma que arrisco minha própria natureza ser o retrato da inadaptação. Em mim, o *intro* e o *extra* relacionam-se em hostilidade, repelem-se de forma total sem que haja qualquer conciliação possível. Nego, recuso-me deliberadamente a integrar o meio, ainda que falhe e seja perseguido de forma insuportável. Lembro-me das palavras de Thoreau: *"Wherever a man goes, men will pursue and paw him with their dirty institutions, and, if they can, constrain him to belong to their desperate odd-fellow society"*. Oh, vida irritante! convenções insuportáveis! falatório estúpido!... Adeus, nota, até você causa-me fastio.

O mato americano e o mato brasileiro. — Não nego: lendo Thoreau, convenci-me de que meu lugar é o mato. E a tentação de largar tudo e partir para a selva foi patente. Porém, lembrei-me de ter lido, também, o enorme Gilberto Freyre. E que diferença para o mato americano e o mato brasileiro! Dois anos na selva, banhando-se no rio, e Thoreau não é mordido nem uma única vez por uma espécie peçonhenta, não tem a plantação assolada por pragas, não sofre com a infestação de mosquitos ou formigas... Assim, o mato realmente parece a paz. Pergunto: quantos se atreveriam a caminhar em mata fechada, à meia-noite, sem lanterna, a replicar Thoreau em solo verde-amarelo? Talvez eu seja um covarde... De qualquer forma, continuarei sequioso de meu mato, ainda que sua configuração envergonhe profundamente o filósofo...

Pobre barco... — "O objeto deste trabalho é a investigação do problema. Mas, antes, é forçoso definir os métodos que utilizaremos na análise. Porém, é preciso dizer, primeiro, o que exatamente entendemos como método. Contudo, antes, teremos de esboçar o escopo do entendimento. Primordialmente, pois, necessitamos deixar muito claro quais as limitações de um escopo. Não obstante, é fundamental que expliquemos em que sentido julgamos algo limitado..." Oh, Deus, desvia-me o barco desta rota! desvia-me o pobre barco!...

O meu jornal. — Sonhei ter criado um jornal. A cena foi a seguinte: em redor de uma mesa, minha equipe, empolgadíssima, pôs-se a discutir a linha editorial do periódico, quando os ânimos se exaltaram. Combateríamos as injustiças do mundo: claro, claro! E a representatividade seria pauta obrigatória! De quem, onde? Eis o que os gritos tentavam expressar. Cada um berrava a própria opinião. Eu via-me calado, receoso de dizer o que pensava — mas pensava: "Oh, magnífica bobagem!"; e, óbvio, dizê-lo seria minha ruína, visto algumas opiniões serem proibidas socialmente... — Então, em plena guerra verbal, quando tudo aparentou irresolúvel, solicitaram-me a palavra de dono do jornal. Súbito, tendo de expressar em poucas sentenças a minha opinião sobre qual classe era a mais injustiçada de todos os tempos, sobre quais matizes julgava mais nobres para o jornal, e cuidando não ofender a equipe que necessitava motivada, respondi: "Vamos fazer o seguinte. Todas as pautas são muito importantes" — e conduzi, todos eles, a um crematório. Solicitei uma entrevista com o operador de forno; pedi-lhe: "Explica pra gente, amigo, em que consiste o seu trabalho". Naturalmente, meu jornal jamais publicou uma primeira edição.

É com ele que eu vou!... — Não há ironia assaz potente para expressar toda a alegria destas linhas, agora, envoltas em animadíssimos *jingles*. A verdade é que as palavras, estimuladas, já estão a dançar. Oh, linguagem, como comoves quando bem talhada! Futuro, trabalho, melhor, de verdade, de verdade, como a gente, diferente, diferente... A esperança é a mais nobre entre todas as nobilíssimas dádivas concedidas ao nobre espírito humano. A face, quando sorri em retorno à promessa, exibe a virtude da alma apta a confiar na irmã de bênção.

E juntas, em harmonia, são ambas predestinadas a edificar o Bem-Aventurado Empíreo Municipal!

Perseverança e nada mais... — Toda a minha ainda minúscula produção literária é fruto de uma perseverança que nunca tive para nenhuma outra atividade. Devo, admito, de prestar honras aos abafadores de ruído, invenção infinitamente mais útil que, por exemplo, o telefone: quando sobrepostas unidades de diferentes modelos, produzem paz e resolvem grande parte de meus problemas. Porém, se analiso com mais cautela, encontro-me toda a realidade hostil ao meu ato de escrever. É sábado: ao brasileiro, dia de álcool e socialização. Encontro-me, neste exato momento, com o *notebook* em cima de uma caixa de sapatos assentada, por sua vez, sobre um criado-mudo na extremidade de meu quarto; sento-me numa cadeira que mais parece um banco: baixa, desconfortável, sem apoio para as costas; minhas pernas encontram-se imóveis, encaixadas cada uma num espaço de não mais do que quinze centímetros no vão que se abre, de um lado, entre a parede e o criado-mudo e, de outro, entre este e minha cama. "Isso é piada. De um lugar assim, jamais sairá qualquer arte..." — mas não acabou: um carro, na rua, reproduz em alto volume qualquer música sertaneja; uma vizinha grita ao telefone — obstinada, quer penetrar minha mente, mas sorrio, pois sei que ela não irá... — Pensei, há alguns meses atrás: "Em minha condição atual, é impossível escrever". Mas daqui, deste espaço apertado, desconfortável e barulhento saíram quase todas as minhas poucas centenas de páginas, em poesia e prosa. Não há silêncio — nunca!; — não há uma cachoeira a rumorejar agradavelmente próxima a mim; a vista, de minha janela, é de um cinza vandalizado, cercas elétricas e em espiral, fios emaranhados pendendo de postes, janelas quebradas há anos e nunca restauradas, entre outras minúcias desagradáveis. Escrever, concentrar-me a escrever, a produzir arte, é um ato de rebeldia frente a tudo quanto me rodeia; é, essencialmente, uma recusa terminante e total. E tenho, neste pouco tempo de trabalho, pagado o preço em diferentes moedas. Não há recompensa, não há prospecto favorável e o tempo empregado nestas linhas seria infinitamente melhor empregado, aos olhos do mundo, em qualquer outra atividade. Pois bem, mundo estúpido: nunca me senti os esforços tão honrosos quanto agora!

Contrato? — Lembro-me do dia em que fiz esta magnífica descoberta: ao abrir um livro, não assino um contrato comprometendo-me a lê-lo até o final. Logo brilhando a ideia, transferi, sorrindo, o volume das mãos à prateleira. Desde então, tenho exercido meu direito com frequência cada vez maior. As obras variam, os motivos também: por vezes, o desprezo fala; por outras, grita minha inaptidão. E, servindo-me desta utilíssima técnica de pressionar com as mãos a capa contra o verso do livro, aprendi que algumas obras exigem o momento, exigem um preparo adequado (em especial quanto ao domínio do idioma) para se mostrarem úteis ou agradáveis. Assim, fechando-se um livro pode-se poupar tempo, evitar um desgaste desnecessário e impedir que uma experiência futura gratificante queime-se por uma pressa injustificada.

Devaneios. — Seria infinitamente mais feliz fosse uma árvore. Corrijo: uma pedra — hoje árvores são abraçadas... — Pedras não escutam, não são incomodadas, requisitadas, não pagam impostos e, a palavra é exatamente essa, vivem em paz. Senão como componentes da paisagem, são invisíveis. E quem saberá dizer os limites de seu universo interior? A incapacidade de escutar — presumo; pois se escutam, jamais reagem... — é algo realmente invejável e superior. A fraca mente humana, tão vulnerável a sofrer distúrbios terríveis provenientes do ruído, que a submetem e calam-na em extrema facilidade, só tem a invejar a placidez da vida deste insigne ser rochoso...

O conto que Kafka não escreveu. — Um banalíssimo sujeito mantém, por quinze anos, o mesmo número de celular. Construiu, assim, uma rede de contatos pessoais e profissionais extensa. É, sobretudo, dependente deste número. Eis que, subitamente, passa a receber entre 100 e 150 ligações diárias em horário comercial de empresas tentando vendê-lo qualquer sorte de produto financeiro. Entre 100 e 150 ligações de 8h às 18h: fazendo a matemática de padaria, o número equivale a aproximadamente uma chamada a cada cinco minutos. O sujeito, aliás, o jovem misantropo é forçado a atendê-las todas, posto haver a possibilidade de, entre os números desconhecidos, encontrar-se um possível cliente. O número é, também, um número de trabalho. De cinco em cinco minutos, o telefone toca. O jovem atende com grosseria, dispensa a empresa invasiva irritadíssimo por ser acionado para ouvir sobre produtos que não tem o menor interesse, sem ter jamais concedido abertura para que tais ligações fossem realizadas. Então se lhe torna a rotina um inferno. Não consegue concentrar-se em nada, o telefone não para de tocar. Tem de atender, passa a ser rude na primeira palavra, destrata contatos profissionais por engano. "O senhor Luciano Duarte, por favor...", "Por gentileza o senhor Luciano...", "Neste número eu consigo falar com o senhor Luciano?...". Oh, Kafka, irmão, ajuda o teu personagem!

Fadiga: — esgotamento total. Sensação de ter visto todos os exemplos cedo demais. Condutas demasiado previsíveis, desinteressantes... Nada de novo, nunca. Repetição que começa a irritar. Desencanto absoluto, desejo de paralisar o tempo, negrejar todas as cores, anular a realidade...

Olhos que não enxergam... — Acostumei-me, durante muito tempo, a mirar fixamente, quando à janela, o desagradável muro fronteiro à minha casa. Ali está tudo: o vandalismo, a cromática insossa, o medo materializado em cercas cortantes... E eu, obsessivo, seria capaz de representá-lo, à mão, em nível de detalhamento impressionante. Acima, a poluição elétrica; ao fundo, a janela quebrada...

Todos os dias reparo, e todos os dias, há anos, encontro a mesmíssima paisagem. E eis que descubro que, alçando a vista, há diferente...

O SER

A vida como ela é..., de Nelson Rodrigues. — Ameaço bater na tecla e, antes que bata, uma esposa trai seu marido. Meu dedo toca o teclado e outra consorte replica a ação. Não fecho a primeira linha e milhares de esposas — ou seriam milhões? — traem seus maridos, impreterivelmente, em diversos países e diversos idiomas. Dois mil contos Nelson escreveu em série, dia após dia, durante dez anos, em redor do mesmo tema: o adultério. Então é justa a pergunta: não teria ele exagerado? Não poderia ele, talvez, ter escrito um pouco menos? De casa, escuto o estalar do cinto no vizinho. Não; Nelson, indubitavelmente, acertou em medida.

Dignos de estima! — A classe mais estimável de pessoas é a que vive mediocremente de casa ao trabalho, durante décadas, sem fazer muitos planos, deixando a vida correr. Fazem filhos, casam-se, separando-se ou não. Então se aposentam e terminam seus dias com a cara enfiada numa televisão. Imagino esse padrão e digo: dignos de estima! merecedores dos mais ardentes louvores! E todas as outras pessoas aparentam-me, em diferentes matizes, diminuídas e escravizadas do próprio desejo.

Solenidade ao rezar. — Por que é que os evangélicos — lá vou metendo-me onde não devo... — improvisam as preces? Penso e a conclusão é inevitável: sempre que, escutando um evangélico a rezar, a frase murcha, a palavra falha ou o sentimento se não expressa com potência, vejo atirada ao ridículo a seriedade da oração. Pergunto-me se apenas eu estou a reparar o descompasso da frase não planejada que, mostrando-se impotente, recorre à entonação para expressar-se e — desculpem-me a sinceridade — deveria envergonhar. Tão mais bonita é a oração pronta, e mais quando silenciosa. Deve ser algum defeito de discernimento, mas vejo como clara a relação entre silêncio e reflexão, silêncio e respeito, silêncio e solenidade. E importuno-me com a pergunta sem resposta: por que o homem de fé não segue o exemplo de Deus e se cala?

Em busca de sentido, de Viktor Frankl. — Sempre me irritou a ideia, muito disseminada, de que o ser humano é apenas um cachorro. Vejo isso o tempo inteiro: seja no sujeito que julga a fome o principal problema do homem ou na psicologia que se atém aos instintos e jamais ultrapassa os instintos. Pois bem. Eis que nasce um gênio — e precisamos de gênios para dizer-nos o óbvio... — e diz o seguinte: há no ser humano uma dimensão espiritual que o define e o transcende. E o gênio, de nome Viktor Frankl, teve de provar na carne a validade da própria teoria, suportando as terríveis atrocidades de vários campos de concentração nazistas e mantendo a sanidade mental. Quer dizer: pulsa em nós o animal, mas há algo mais nobre.

"No campo de concentração, por exemplo, nesse laboratório vivo e campo de testes que ele foi, observamos e testemunhamos alguns dos nossos companheiros se portarem como porcos, ao passo que outros agiram como se fossem santos. A pessoa humana tem dentro de si ambas as potencialidades; qual será concretizada, depende de decisões e não de condições."[1]

O aguardente santo. — Se, por um lado, a esperança é a estupidez suprema, "a apólice do pobre", a "erva daninha que come todas as outras plantas melhores", por outro a esperança é, de fato, virtuosíssima, indispensável, de modo que, abstendo-nos dela, a vida facilmente se nos afigura insuportável. E então? que decidir? Que fazer deste aguardente santo? tomá-lo ou não? Naturalmente, cada qual deve sorver a quantidade que mais lhe apeteça —

---

1   FRANKL, Viktor. *Em busca de sentido: um psicólogo no campo de concentração.* Tradução de Walter O. Schlupp e Carlos C. Aveline. São Leopoldo: Vozes, 2008.

tratando a abstinência e a gula, como sempre, de apontar-nos os imbecis.

Imposições do acaso. — Se somos, em alguma medida, reféns do acaso, da sorte, da natureza e das circunstâncias; se uma doença pode surgir subitamente e aniquilar-nos; se um assaltante pode cravar-nos uma bala no peito por capricho; se um acidente de trânsito pode calar nosso último suspiro; se nossa moradia pode vir a desabar; se um incêndio repentino pode reduzir-nos a cinzas; se nossos queridos podem inopinadamente nos abandonar; se podemos ver embarcados um avião a cair; se nossos maiores planos podem mostrar-se estúpidos, ou serem aniquilados por algum infortúnio; se toda a nossa vida pode não render uma única piada e desfazer-se na imensidão da espécie e na vastidão do tempo, não há postura inteligente que não parta da humildade.

Atitude inteligente. — Talvez seja uma atitude inteligente inebriar os sentidos em toda oportunidade e em todo o tempo livre que surgir, jogando areia na consciência e calando a voz interna que surge aos berros cantando ao ser humano a melodia macabra do vazio. Enfrentá-la é sinal de coragem? Pode ser... Mas certamente negar o abismo (adiando eternamente o confronto com o nada) permite uma vida socialmente aceitável e sensata segundo os termos da modernidade. A outra opção é, dançando ao som de uma valsa fúnebre, afundar em melancolia desesperadora e atroz.

Reflexions ou sentences et maximes morales, de François de La Rochefoucauld. — François de La Rochefoucauld, moralista e arguto psicólogo francês, é autor pouco conhecido entre os brasileiros. É pena, muita pena! Pois o que La Rochefoucauld aprendeu sobre a natureza humana e confirmava em salões literários na França do século XVII pode ser perfeitamente apreendido em nosso tempo e confirmado em festas ou reuniões sociais de qualquer tipo. Mais do que isso: ler as *Reflexions* com sinceridade pode ser um valiosíssimo exame de autoconsciência; quero dizer: lê-las já não para julgar os outros, mas para aprender sobre nós mesmos. É preciso coragem, não nego, mas se dermos o primeiro passo, então veremos desnudada em aforismos toda a nossa ambição, nossa miséria, nossas motivações e nossa vil estreiteza de espírito.

O humor como finalidade. — Fosse eu resumir numa máxima, diria que o humor ampara e precede as demais virtudes. E julgo seria infinitamente mais útil, ao invés de "consciência social", ensinar aos jovens o bom humor. Quero dizer: ao invés de estimular chatíssimos debates sobre o aquecimento global, sobre as questões de gênero, sobre as baleias ou sobre a fome na África, o professor faria mais, uma vez por semana, lecionando comédia — e de preferência trajado qual palhaço. Assim os jovens poderiam captar a essência do humor, que não é senão a constatação do próprio ridículo; aprenderiam a rir da realidade e a se não levarem tão a sério. Em alguns anos, teríamos uma geração menos arisca, e os adultos que se lhes entranhasse o bom humor veriam-no combatendo diariamente a vaidade e o orgulho, tornando suas vidas mais leves e felizes, afastando-lhes do ódio e propiciando-lhes um convívio social significativamente mais agradável.

Paciência: — saber da transitoriedade do presente e saber dos efeitos do tempo. Quase nada de verdadeiramente valioso, verdadeiramente capaz de trazer-nos orgulho se nos afigura desprovido do vigor somente dado pelo tempo. Quero dizer: o tempo fortalece e aprimora nossas qualidades, nossos feitos, e a paciência é a virtude necessária para deixá-lo agir. E quanto ao que nos aflige e nos desconsola? Transitório. O que nos alegra? Também. O tempo amplifica, mas atenua. Assim, qualquer que tenha algum objetivo, um propósito ou uma meta suficientemente relevante, ou que se sinta extremamente alegre ou desconsolado em determinado período, faz bem em desenvolver essa sábia virtude que é a paciência.

Saída obrigatória. — O niilismo é a saída obrigatória para quem percebe o avassalador vácuo de sentido num mundo onde as autoridades únicas, a ciência e o Estado, não serão jamais capazes de preenchê-lo. Minto: há a arte; mas esta, em verdade, é rota incerta e impenetrável.

Busca da felicidade. — A felicidade só pode ser finalidade de vida em naturezas fúteis. Em primeiro lugar, por sua impossibilidade; em segundo, por sua pequenez. Que mal faz aceitar a vida em totalidade? É atitude vigorosa saudar os maus momentos, e mais: valorizá-los enquanto formadores de sentido.

Ressalto do egoísmo. — Em minha limitada e breve experiência, jamais vi nada que se aproximasse à concepção altruísta do amor. Pelo contrário, os exemplos que a vida tratou de me prover sempre evidenciaram o amor como um ressalto do egoísmo. Mais: identifico facilmente o amor quando o vejo convertido em ódio, em processo naturalíssimo, quando o orgulho, ferido, prescinde dos escrúpulos e mostra-se em máximo vigor.

Mais linhas sobre o amor... — O que de praxe chama-se de "amor" exige, obrigatoriamente, uma atitude ativa por parte do amado. Isso a mim é tão óbvio que às vezes me pergunto onde está a falsificação: se na palavra, se no conceito, ou se precisamente essa geração subverteu o sentimento que por séculos denominou-se "amor". O amor moderno, sobretudo, apresenta-se como necessidade, carência de ser alvo de um esforço alheio, de sentir-se valioso, acompanhado, afagado por alguém que se compromete a agradar. Se o amado toma-o a apatia, pois que o "amor" desbota. Mesquinho esse amor não literário, cuja supressão — seja pela distância ou pelo rompimento — não machuca senão pela constatação da falta dos prazeres — efeito — gerados pela atitude ativa do amado... Sei, sei... exagero, mas como disse: em minha parca e breve experiência, jamais vi amante que amasse uma árvore, muito menos uma pedra...

Mistérios da psique humana. — Por que sempre ao deitar-se a mente ferve? Por que justo na necessidade de descanso a mente cisma em pensar sobre as últimas verdades, a planejar tudo, a querer passar a régua sobre a vida? Por que a ruminação mais profunda sempre se dá na ausência do sol? Por que a consciência sempre, como um morcego, escolhe a noite para despertar? Mistérios... Mistérios que credenciam a insônia como propulsora da vida intelectual — e, é claro, do péssimo humor pelas manhãs...

Vizinho natural. — Há um notável problema proveniente da ascendência e resume-se basicamente nisto: o cume é vizinho natural do abismo. Poderia formular de outras maneiras, dizendo que quando se chega ao topo, o movimento só é possível para baixo, ou que a distância do pico ao precipício é qualquer deslize... Penso, agora, em Julien Sorel, mas os exemplos são inúmeros. Por que, exatamente, o destaque nos torna tão vulneráveis? Inveja? Pelo desejo que, por sua natureza, nos expõe? Não posso deixar de notar o potencial destrutivo da ascensão, as provações que esta normalmente exige e seu prêmio enganoso, senão injusto. Racionalmente, a conclusão se impõe: talvez o mais sábio seja deixar imediatamente de escalar.

Estimulação consciente. — Li não lembro onde, há alguns bons anos, um psicólogo a dizer que

Bertrand Russell utilizava um processo interessante quando se envolvia em problemas complexos. Seria mais ou menos o seguinte: Russell pensava, com máxima concentração e força de espírito, no determinado problema; traçava-lhe as possíveis soluções, desmembrava-o em questões menores, formulava variadas hipóteses e buscava encontrar, em todas, as possíveis falhas. Ocupava-se-lhe inteiramente a cabeça com a questão por horas, às vezes dias, e então, quando se sentia esgotado, não publicava, sequer executava a redação final de suas conclusões: abandonava o problema e deixava-o descansar, ocupando-lhe a mente com qualquer outra coisa. Então, passados alguns dias, semanas ou meses, subitamente a mente apontava-lhe a solução, que vinha como uma violenta avalanche e, assim, Russell sentava-se a escrever. Que seria isso, inspiração? Se for essa a palavra, então será forçoso adicionar que nela não há nada de divino, fantástico ou sobre-humano. O que há é método, estimulação consciente do cérebro. E se o cérebro, pois, às vezes não entrega resposta imediata, não quer dizer que não funcione, ou que não esteja a trabalhar. Da mesma forma que, quando decide ferver em momento inoportuno, não está a fazer nenhum tipo de mágica ou exibir poderes sobrenaturais...

O grande problema. — O grande problema humano é o problema de sentido, o haver ou não propósito. E não são a vida e obra humanas senão a resposta. Essa simples questão ultrapassa todas as outras, atravessa a realidade nos mais íntimos detalhes. Já quando tudo parece bem, já quando a fortuna decide exibir-lhe o chicote, o problema resta evidente, sempre à espera de resposta: para quê? Pensando nisso temos, pois, a ferramenta necessária para medir-nos a dimensão, avaliar-nos a existência e decidir, sozinhos, o que devemos ou não fazer.

Alcançar a ventura. — Perdendo as ilusões, aceitando a morte, libertando-nos dos grilhões pecuniários, rindo de nosso ridículo, orçando-nos a mediocridade, resistindo ao desejo, aceitando a frustração, aniquilando o orgulho, dedicando o tempo àquilo que nos preenche de sentido: assim alcançamos a ventura, ou melhor: podemos lambê-la, enquanto nos não seca a língua...

Forçar o cérebro. — Exercício extremamente útil: forçar o cérebro, chicoteá-lo. Digo e imagino-me diante dos originais latinos. De início, a sensação de esforço inútil; então a persistência, a obsessão: e as palavras, forçadas, preenchem-se de sentido. A técnica não é nova, muito menos original; útil desde os idiomas estranhos aos textos de essência abstrusa. O cérebro parece recompensar a insistência, trabalhar à base de pancadas, coação. E se, em seu fluxo vertiginoso de ideias, muitas vezes pode atrapalhar-nos, quando amarrado, compelido, trabalha com gosto a nosso favor.

Conhecimento e juros compostos. — O conhecimento equipara-se aos juros compostos. Destes disse Einstein *"the 8th wonder of the world. He who* *understands it, earns it, he who doesn't, pays it"*. Em ambos os casos, a ascensão é atrelada ao tempo e se dá de forma exponencial, ou seja, maior a distância percorrida, maior a aceleração. Obstáculos escabrosos, com o tempo, tornam-se facilmente superáveis, e as possibilidades momentâneas jamais representarão as futuras. Há, é claro, a ressalva: quer no conhecimento, quer nos juros compostos, o avanço é condicionado à reinversão.

O desejo de concordância. — Poucos instintos são tão perniciosos às relações sociais e, especialmente, à personalidade do artista como o desejo de concordância. Em primeiro lugar, por ser esta uma manifestação da vaidade. Em segundo, pelas naturais implicações: discussões inúteis, antipatias gratuitas e fortalecimento do apego às próprias ideias. Tudo isso é veneno para alguém que deseja cultivar relações amigáveis e, pior, dar origem a uma obra artística. Conviver com o dissidente não é somente obrigatório, como o mundo é melhor por duas pessoas não pensarem igual. E quanto ao artista: que é que ele tem a ver com a opinião dos outros ou com a própria opinião? Desejar a concordância o tornará um egocêntrico, de antolhos, inclinado a usar da arte para adornar as próprias convicções. Como artista, inevitavelmente falhará, posto o desejo de concordância ser mancha que, em contato com a arte, impregna e não sai.

O câncer da psique humana. — É possível encontrar justificativas racionais para negar as soluções propostas pelos estoicos, pelos budistas, por Schopenhauer e tantos outros. Mas há uma verdade universal, presente também na filosofia cristã, referente ao desejo: é ele a praga, o câncer da psique humana, a fonte interminável de frustrações. E se, após cuidadosa análise psicológica, decidimos arrancá-lo pela raiz, desarraigando cada uma de nossas ambições a enxadadas, livramo-nos de uma carga imensa, maligna e prejudicial. O problema é que o ser humano vive de sonhos, suporta a realidade na esperança de um futuro melhor. Exterminá-la, pois, é fazer com que a vida perca o brilho, é dar linha à indiferença, é negar a própria natureza, é automutilação. Pois bem: parece ser esse o caminho da paz.

Ser pobre ou ser escravo? — Questão perversa e obrigatória a todos os que, nascidos em berço modesto, encontram-lhes os interesses inclinados a algo impopular. Pergunto: será possível uma inteligência interessar-se por algo popular? Talvez, conquanto incomum. Pois que a questão continua vibrante, imponente: ser pobre ou ser escravo? Não consigo interpretá-la senão como um confronto entre liberdade e desejo: respondê-la é decidir entre independência ou submissão. Entretanto, boas notícias: abrir as portas à pobreza não quer dizer, necessariamente, que ela se irá alojar.

Matizes da vaidade. — Que é vaidade? ou, antes: como ela se manifesta? A impressão imediata da vaidade em tempos modernos remete ao requinte em vestir-se, em portar-se. Seria isso condenável?

Não creio. Os efeitos do esmero em vestir-se, assim como os de adornar a própria casa, ou cultivar um belo jardim, são positivos. O ser humano respeita o que é belo, inspira-se, quer ser belo igualmente: a beleza, pois, ramifica. Portanto, vejo a vaidade, neste matiz, como profícua. Entretanto, há nessa qualidade uma manifestação destrutiva associada à imodéstia, ao brio, à presunção. Há na psique do homem moderno um impulso terrível em prol da afirmação do próprio valor. Uma vontade velada, conquanto selvagem, que se manifesta no apego às próprias ideias, na necessidade de angariar respeito, concordância, e cuja substância resume-se em imaturidade. Alguém que se leva a sério falta-lhe a consciência. Como olhar sinceramente ao espelho e não rir?...

Muralha natural. — Há uma muralha entre o pensamento independente e o pensamento popular que faz com que, quase sempre, haja repugnância entre eles. O interesse das massas é, por definição, contrário ao interesse individual. Isso quer dizer que endossar o discurso popular é ser contrário a si mesmo, é ver a própria singularidade diluída, é ser, em suma, um ninguém. E, naturalmente, o ninguém inveja o dissidente, o detentor da coragem que lhe falta, por isso "o prego que se destaca é martelado". O covarde alegra-se da aprovação que angaria com a própria covardia, sente-se aceito e seguro. Por outro lado, carece de uma lápide para que não lhe esqueçam o nome... Não faz mal. Os amigos jamais lhe deixarão faltar a lápide.

Necessidade terrível. — É incrível como a necessidade de dinheiro piora a existência. Forçada, a maioria tem-na como natural, mas a verdade é que é escrava sem sabê-lo. Decerto, alguns não partilham da mesma sorte. E que peso não carregam nas costas! Saber-se necessitado do dinheiro induz a uma tortura psicológica interminável. "Por quanto tempo? Quando me libertarei?" E pior quando a carência abocanha-lhe o grosso da rotina, que é o caso mais comum. Muitos não percebem, anestesiados. Mas viver a cumprir um contrato, a ter obrigações para honrar, a fazer religiosamente o que jamais faria se não precisasse... isso, por acaso, é vida?

A repressão do subconsciente. — É interessante notar como a repressão do subconsciente, ou de uma esfera talvez autônoma do próprio consciente parece necessária para que a realidade se não torne insuportável. Primeiramente, pela repugnância inata ao aleatório e irracional. Depois, pela necessidade de unidade comportamental e psicológica. O conflitante, a dualidade, a incerteza são quase intoleráveis à natureza humana, portanto uma escolha é forçosa: uma escolha consciente, que envolve um esforço ativo e não se resume senão na negação intencional de uma face da realidade. Assim, parece necessária a falsificação da vida em prol do prático. O caminho alternativo é assustador. Negar o confronto, demais, é um belo truque para não perder...

Realidade e sonho. — Inclino-me a pensar que o contentamento humano brote do encontro entre realidade e sonho. Digo e penso imediatamente em D. Quijote. Há uma fronteira sinuosa, aparentemente muito mal definida, que une o real ao imaginário e parece progenitora da satisfação. O sonho, por si só, afigura-se-me qual impotente se desprovido de ligação com o concreto. É necessária uma ponte, um elo, ainda que sob a forma da esperança, do "irá acontecer". De outra forma, o prático rapidamente esmaga o imaginado, gerando desalento e vergonha. Isso, é claro, em mentes saudáveis. Por outro lado, a realidade será sempre débil porquanto insuficiente: necessita, também, de um amplificador, algo que embeleze e tonifique a crueza do concreto. E isso, ainda que de forma sutil, não é senão fantasiar o real. Por isso intriga-me até que ponto D. Quijote não viveu o que sonhou, ou até que ponto viveu efetivamente. Louco ou mestre? Falta-me a resposta...

Ausência do embate. — Algumas naturezas chegam a impressionar pela ausência completa do embate entre vaidade e consciência. Talvez pela própria tibiez da consciência, o que justifica vê-la absolutamente ignorada pelas correntes mais populares da psicologia. Em alguns, ela parece simplesmente se não manifestar. Mas incrível pensar em alguém que, nem uma única vez na vida, orce a mesquinhez da própria conduta, dos motivadores da própria "vontade". Fazê-lo e não proceder com a condenação seria compreensível, mas o fato é que, na maior parte das pessoas, não há o menor vestígio do conflito.

Lolita, de Vladimir Nabokov. — Vladimir Nabokov é autor que me agita como poucos. Seu *Lições de literatura russa* gerou-me fortíssima e ambígua impressão. Depois, entrevistas, como a da Paris Review, consolidaram a imagem que dele tenho em mente: um gigante, mas de uma arrogância que me escapa à compreensão. E simplesmente não entendo algumas pedras atiradas por Nabokov como, principalmente, em Dostoiévski: permaneço em cima do muro a julgá-las invejosas ou expressão de honestidade intelectual. Tanto faz: minha mente padece dessa necessidade insuportável de julgamento; eu, não. Pois abro *Lolita* e, repetindo o que disse alguns dias atrás: basta uma única página para perceber-me diante de um grande escritor, uma única página para impressionar-me com uma escrita maravilhosa, elegante, brilhante no estilo e potente no conteúdo. A prosa de Nabokov, em *Lolita*, é dotada do corpo que a língua inglesa parece carecer. E não é somente por isso que a obra brilha: Nabokov ensina aos pares de seu século que escrever sobre corrupção moral não exige a corrupção da língua. *Lolita* cava fundo: são páginas assustadoras sobre a psicologia de um pedófilo, ambíguas desde o princípio, já pelo moralismo controverso, já pelo comportamento de Humbert Humbert, o protagonista, que oscila entre sarcasmo, amor, dissimulação e desejo, corrompendo terrivelmente uma jovem garota e instalando-nos na cabeça a dúvida infame: terá mesmo corrompido? O mero questionar é a confissão da imoralidade que nos habita a mente. E a obra-prima a prova cabal de que, no homem, o hediondo mescla-se ao sublime.

Vencer ou sucumbir à morte. — Parece, no fim de todos os tormentos, resumir-se a vida na seguinte questão: vencer ou sucumbir à morte? E a resposta, que não é senão a própria obra, entrega um tormento adicional (tormentos... nunca se esgotam!): o vencer a morte aparenta dependente de um fator externo incontrolável e sujeito à incerteza, ou seja, sujeito ao fracasso mesmo que injusto. Quer dizer: a maldita fortuna, ainda no fim de todas as coisas, ainda após todas as provações e mesmo que após respostas formidáveis, parece ter influência decisiva. E assim o impulso a amaldiçoar a vida afigura-se como irresistível.

Somente no silêncio. — O pensamento, o progresso intelectual é dependente do silêncio. Quer dizer: é impossível pensar no barulho; o pensamento exige o silêncio para florescer. E, ao notar os benefícios numerosos do silêncio, da solidão e da quietude, é forçoso concluir que adaptar-se ao silêncio é fortalecer o caráter, é moldar a própria personalidade. Os pensamentos mais elevados sempre brotam de onde não há vozes, e a voz interior só aparece quando o mundo se cala. Por isso, é muito claro o caminho do conhecimento — difícil é ter coragem para trilhá-lo.

Embalagem costumeira. — "Simpático ele, né?" Oh, simpaticíssimo! um amor! E sabe bem o pai da mentira quanto se ganha desta qualidade venerável... Mas aí está: as relações sociais exigem máscaras, e a simpatia é a embalagem costumeira da falsidade. Digo e não hesito: a sinceridade tem aspecto terrível! Pois é possível ter qualquer apreço à vida social, sabendo-a um grande teatro? É possível sorrir em resposta ao sorriso cuja motivação se conhece? É possível não julgar a simpatia como uma manifestação quase sempre detestável? Perguntas retóricas, porquanto as respostas já contam bons séculos...

Defeito inaceitável. — Poucos defeitos causam pior impressão que a inclinação ao retiro, ou, se quiserem, a misantropia. Escapa-me, porém, a resposta: como conhecer a natureza humana e não ser um misantropo? Como se não deixar o psicológico contaminar a ponto de repugnar qualquer relação de intimidade forçada? Como não detestar o teatro das conveniências? Estudo e encontro o óbvio: os grandes artistas partilharam desta qualidade. E foram, em maioria, detestados quando não ignorados em vida. A história por vezes ilude a aparentar ter operado algumas mudanças na psique humana. As reações aos estímulos externos, a dinâmica das relações pessoais, a fundamentação da vida em conjunto mudou apenas em detalhes. O conceito geral sempre repugnou o desgostoso da vida social. Não só o repugnou, como o acossou a reformá-lo: a extinção do individual sempre foi tara do coletivo, a sociedade sempre se arrogou o direito de exigir que todos representem papéis. Por isso, é engraçado notar como a misantropia, senda natural de qualquer observador do homem, tende a agravar-se ao infinito: a busca pelo retiro é acompanhada, necessariamente, da perseguição.

Filosofia básica. — Toda intenção que exige a ação de um terceiro é má. Todo discurso sequioso da aprovação é daninho. Pois a intenção só virtuosa se acarreta uma ação individual e a palavra só profícua se autossuficiente. Num mundo em que essas verdades são absolutamente incompreendidas, é natural que a vida social seja desagradável, senão insuportável. Maioria, consenso, aceitação, esses e outros vocábulos do inferno só contribuem para tornar o ser humano progressivamente medíocre. A dignidade do homem brota da consciência da individualidade e o respeito só é possível no ser que aprende a valorizar o diferente, ao invés de subjugá-lo sempre às próprias e desprezíveis opiniões.

Benfeitores da humanidade. — Mais do que qualquer entidade filantrópica, são os humoristas quem melhor afagam a dor humana. E a justificativa é simples: o riso é remédio eficaz, barato e inesgotável. Humoristas, se bons, ensinam a rir das piores misérias, consolam diante do terrível, entregam prazer quando parece impossível. Humoristas desvendam o óbvio: na vida, absolutamente tudo é passível de piada — e as melhores brotam exatamente de onde nos parece absurdo extraí-las. Ademais, atacam a víbora que nenhuma entidade filantrópica é capaz de combater: a vaidade. Por isso, entristece vê-los trabalhando quase sempre alvejados por pedras, não raro acabando destruídos pela massa de idiotas incapazes de enxergar a dimensão do próprio ridículo. Mas não é novidade: os grandes quase sempre acabam alvo da fúria dos imbecis. Pois avante, ídolos, benfeitores da humanidade! E vosso riso perdurará quando as mãos que vos atacam já se tiverem convertido, inertes, em pó!

O "importante". — Os anos correm e o "importante" constantemente muda de face. O imprescindível, no passado, torna-se irrelevante. E a vida parece operar um lento movimento de redução da realidade, como que se atendo ao essencial. Se avultam os anos, parece escassear o que antes aparentava abundância. Possibilidades, sonhos, relações... tudo parece dissipar-se lentamente, evidenciando talvez o que fica, ou talvez que a realidade está condenada à volatização...

Estado vegetativo. — Creio ter sido Hegel quem disse que "aprende-se da história que o homem nunca aprende com ela". Verdade inquestionável. Porém apenas o sintoma de um problema maior. O ser humano vive em estado vegetativo, ainda que, por vezes, aparente o contrário. Não é somente as lições da história que ele se mostra incapaz de apreender, mas a própria realidade. Racionalmente, viver parece uma impossibilidade. Se o ser humano raciocinasse e usasse do juízo que cuida dispor para assimilar a própria existência, punha-se imediatamente no meio-fio a chorar. Mas não é o que ocorre. É necessário que um amigo próximo, que um familiar morra para que o sujeito desperte do estado vegetativo e raciocine algo como "poderia ter sido eu". Entretanto, o surto é fugaz: a consciência desperta e, imediatamente depois, põe-se mais uma vez em sono pesado. Então o ser torna ao estado que lhe é habitual, em evidência do caráter vicioso do próprio juízo. É incrível! Parece ser esse um mecanismo psicológico adaptativo, quer dizer, se não mergulhado em profunda inconsciência, quem moveria uma única palha? Construiriam o Titanic, soubessem-lhe o fim? E da vida o fim está claríssimo... Mas já estamos divagando. "Aprende-se da história que o homem não aprende com ela": o homem, o ser que ignora tudo, o cego sorridente. E parece a mesma programação mental que exige a dormência justificar desde a estupidez individual até a tolice coletiva de um mundo que, há mais de meio século, não enfrenta uma grande guerra...

Vivem pouco, muito pouco... — Bato estas notas, sempre, em ambiente estático, em completa solidão. Tudo rigorosamente imóvel, exceto meus dedos assanhados. Há pouco, pensei em Fernando Pessoa. Para o meu espanto, ele apareceu vivo, vivíssimo do meu lado. Como? É o que eu gostaria de saber. Havia pensado, pouco antes, em escrever o seguinte: "A existência só me é justificável como resposta aos autores que li, como a continuidade do que eles começaram". E concluiria que, apesar de mortos, eles não morreram. Então Pessoa irrompe no meu quarto. É curioso: há um século atrás, ele estava, como eu, encerrado num quarto em qualquer canto de Lisboa, refletindo em solidão. Sabia ele da potência dos próprios versos? que resistiriam, vigorosos, à tirania do tempo? Ah, mas sabia... o Pessoa sabia... E, naturalmente, aos olhos do mundo, encerrado num quarto, o poeta "deixava de viver". Pergunto: e agora, e para o resto da eternidade, quem vive e viverá mais: o sujeito que "vivia", ou o poeta, que "deixava de viver"? Um século depois, Pessoa, rompendo a barreira do tempo e do espaço, encontra-se em meu quarto. E se abro sua *Ode marítima*, serei tomado de uma euforia real e fortíssima, mais viva que qualquer outra sensação que uma pessoa (com "p" minúsculo) contemporânea poderia gerar-me. E aí está o óbvio: vivem pouco — muito, muito pouco — justamente os que aparentam viver muito, aos olhos do míope convencional...

Essência imutável. — O "tornar-se uma pessoa melhor" exige um aniquilamento interior impiedoso e contínuo, uma humildade e um despego de si mesmo que beira a repugnância, um esforço sobre-humano para calar a renitente e naturalíssima voz da vaidade, que se manifesta tão logo o ser lhe reconheça a capacidade de pensar. Visto ser tarefa quase inexequível, posto exigir o enfrentamento de batalhas duríssimas e que nunca terminam, é sensato dizer que, após a idade adulta, o ser humano lhe não muda a essência, ainda que queira, ainda que tente, ainda que creia.

Escravos do elogio. — Sabendo do caráter corrosivo dos elogios quando direcionados ao artista vivo, não deixo de notar que estes aplicam-se mais frequentemente a uma pose do que a uma obra — quando não em busca da reciprocidade... oh, asco!... — E, exatamente por este motivo, corroem a obra posto tornam-se elementos fundamentais da pose, vista miseravelmente como o elemento de distinção do artista. Em resumo: o artista vê-se dependente dos aplausos, ceifando na obra aquilo que os repele, ou seja, acaba fazendo da obra, também, parte da pose, tornando-se tudo, menos sincero. E como são numerosos! Humilhante? deplorável? Que dizer desta nação de escravos do elogio? Faltam-me palavras...

Carência insuperável. — Como ser livre se uma mínima desatenção expõe uma carência vivíssima que parece inerente à própria condição humana? Quer dizer: sem um monitoramento constante, uma atuação racional ininterrupta e o cérebro a barrar as manifestações vergonhosas de dependência e trilhar conscientemente o próprio caminho, o ser humano adota uma postura de insuficiência total. E terão de fantasiar para achar valor onde não há independência...

A rainha da procrastinação. — Antipática ao trabalho, por vezes negando-o terminantemente, é incrível notar como a mente estimula-se a labutar pela procrastinação. Se não há motivo, encontra-o: quer porque quer adiá-lo, precisa adiá-lo imediatamente.

Amanhã, depois: agora, não. E assim naufraga a produtividade... O que poderia ser feito, não é. O pouquinho que, somado ao longo de muitos dias, tornar-se-ia algo robusto perde-se na fumaça da ociosidade. Acho que a frase é de algum filósofo; senão, que vá de mim mesmo: há casos que, fatalmente, exigem violência.

Medíocre e covarde. — O determinismo é, antes de tudo, medíocre e covarde. Ainda que seja, em alguma medida, ironizada severamente pelo fado, uma compreensão da realidade que ceda espaço ao livre-arbítrio é infinitamente superior a resumir o ser humano num fantoche. Se o mérito acaba inexoravelmente em derrota e, muitas e muitas vezes, vacila ou é tombado em seu próprio campo de ação, não quer dizer que não entregue dignidade ao ser que se escusa de justificativas que não fazem senão evidenciar a própria impotência. Compreender o mundo como imune à ação humana e a ação humana como um fenômeno incontrolável é resumir o ser humano num cachorro — o que pode até ser verdade, desde que não tomada como universal.

Demarcada por escolhas. — A personalidade é demarcada por escolhas. E, naturalmente, a falta de personalidade é a incapacidade de escolher. Admito aconchegante ter o meio como arquiteto da realidade: isso é não menos que eximir-se de qualquer responsabilidade. Contudo, é assumir-se submisso, evidenciar uma compreensão míope e limitadíssima da existência. Raskólnikov não é o corolário de um meio injusto e opressivo, mas o retrato de uma ação consciente e suas consequências. Faz bem lembrar de Viktor Frankl: o ser humano é a reação às circunstâncias; o ato final veda qualquer resposta, mas o restante da peça cederá sempre espaço à ação.

Dignidade: — insubmissão ao destino; recusa terminante em representar um papel social; reação contrária aos instintos; liberdade, mesmo que em privação e dor; capacidade de escolher e assumir a responsabilidade pelos próprios atos; resiliência à fortuna; esforço ainda que inútil; respeito da própria consciência.

Somente nele. — Quero crer que está, no livre-arbítrio, a glória proveniente da guerra de fim conhecido. Através dele, e somente dele, é possível vencer — ainda que temporariamente, ainda que uma única batalha... — a sinistríssima fortuna. Pensando desta forma, não consigo deixar de resumir o caráter qualitativo de toda a complexa e ambígua natureza humana num único elemento: a volição.

Testemunho da vaidade. — Todo ataque de natureza moral é, antes, um testemunho da vaidade. Quem ataca considera-se moralmente superior ao atacado. Quando executado em massa, porém, não só a vaidade manifesta-se, como a covardia e, quem sabe?, um certo sadismo, natural aos membros da insigne espécie quando incapazes de controlar-lhes os impulsos mais perversos. Destes, espera-se o que se espera de uma hiena: o sorriso de escárnio e o sangue a escorrer pelos dentes.

Gosto do verbo. — É verdadeiramente impressionante o ser humano gostar de falar, falar, falar, quando o silêncio é infinitamente mais prazeroso. Relacionar-se ou, em outras palavras, envolver-se numa irritante e interminável guerra de vaidades... Conhecer gente: que é isso, meu Deus do céu? Tempo, esse bem finito, despendido de maneira, sobretudo, perniciosa. Mas há pior: o verbo, o tremer das cordas vocais quase nunca é fruto de uma motivação nobre. Má intenção, resultados desagradáveis... e continuamos a colecionar inconvenientes...

Travando conflito. — Uma análise psicológica apurada evidencia que a consciência manifesta-se travando conflito. Em outras palavras: a consciência não é senão uma reação, uma manifestação contrária a impulsos psicológicos naturais. Deixá-la falar, pois, é rebelar-se contra o próprio gênio, dando azo a uma guerra talvez desnecessária, porquanto se vive naturalmente sem que toda ação envolva esse desagradável conflito interior. Disse desnecessária; pois bem: são destas que se extrai qualquer honra possível.

Entre humildade e vergonha. — De início, sentar-se voluntariamente no banco dos réus. Então proceder com a própria condenação. O resultado óbvio: a contraindicação de si mesmo. Perda das ilusões, talvez alguma apatia, silêncio e muitas horas de reflexão. Assim, entre humildade e vergonha, é possível traçar algum plano...

Tirania sem fim. — Buscar sentido através de fenômenos externos é mecanismo que, apesar de comum, jamais levará o ser à independência. Atrelar-lhe o valor a juízos incontroláveis, quando não simplesmente injustos, é nivelar-se por baixo e evidenciar carência de autonomia. Pior é ver que a aceitação, quando efetivada, não faz senão apontar os tipos de rebanho — maioria absoluta — que, apesar de não perceberem, jamais deixarão a condição de vassalos, porquanto enxergar o meio como soberano é submeter-se a uma tirania sem fim.

O meio

Olhos fechados. — Em nossos dias há um narcisismo e uma preocupação excessiva com o sucesso que são um claro sinal de falta de maturidade e discernimento. Ninguém mais se aceita medíocre. Ou se vê acima do que é, ou se vê melhor num futuro próximo. É claro que isso só pode desembocar em depressão. Fico a pensar quão mais leve calha a vida a quem diz ao espelho: "És medíocre! Tua existência não faz a menor diferença ao mundo! Em cem anos, ninguém lembrará de ti!".

História de Dom Pedro II, de Heitor Lyra. — Sem dúvida, o melhor livro de história que já li. Nesta obra, dividida em três volumes que somam pouco mais de 700 páginas, Heitor Lyra traça, numa escrita leve, precisa e apaixonante, o período mais glorioso de toda a história brasileira. Quem mo indicou? A resposta serve para todos aqueles que me importunam perguntando: "Como é possível admirar o Olavo de Carvalho?". Como muitas outros livros, este só tive acesso em razão da recomendação do professor, que o classificou como "maravilhoso". Dependesse das editoras, jamais o conheceria, posto só esteja disponível em sebos e em raríssimas unidades. Lembro-me de que, para reunir os três volumes, tive de pescar no Rio de Janeiro, Porto Alegre e São Paulo. Pois valeu cada centavo. E reflito: o que será que as escolas dão para os jovens estudar o século XIX? — não me lembro o que eu mesmo estudei... — Heitor Lyra teve acesso à melhor documentação possível sobre o período e, especialmente, sobre o maior símbolo do Brasil Imperial. O livro, segundo o autor, "foi escrito na Europa", onde ele teve acesso à vastíssima documentação dos correspondentes estrangeiros do imperador e, ademais, teve aberto para si o "inestimável arquivo da família imperial brasileira", disposto à época no Castelo D'Eu, aos cuidados de Dom Pedro de Orléans e Bragança, neto de Dom Pedro II. Na ocasião, Heitor Lyra foi o primeiro e único historiador a acessar este arquivo, que hoje está reduzido a cinzas após o incêndio no Museu Nacional. Penso, penso e hesito em colocar-me em palavras a frustração... O que incomoda é não ver novas edições dessa obra e de quase todos os bons livros de história que tive acesso; é contrastar o que encontro nos bons livros com a vaga e estúpida visão que inconscientemente nutria do período; é descobrir, de repente, que desconhecia quase todas as grandes figuras que o meu país produziu. Então reflito: por que se não encontra Heitor Lyra, ou Varnhagen, ou José Maria Bello numa Amazon? Parece-me que, descaradamente, houve e há um esforço a contar uma história alternativa do Brasil.

História de Dom Pedro II, de Heitor Lyra [2]. — Disse algumas palavras sobre este livro; insuficientes, porém. Enfatizei meu respeito pelo autor, mas me esqueci do protagonista. Retrato-me nesta nota: Dom Pedro II é o maior exemplo de honra e prudência em toda a história do Brasil. Governou por mais de meio século, sendo sempre um ícone de tolerância e despego do poder; o Brasil pôde, graças ao seu temperamento, realizar uma troca de regime pacífica — quantos países podem gabar-se do mesmo? — e em troca, foi expulso do país como um ladrão, condenado ao exílio e à tristeza, passando seus últimos dias numa solidão desoladora. Quando morreu, solitário, dispondo de um saquinho com areia de Copacabana no bolso, os militares, liderados pelo abjeto Floriano Peixoto, negaram-lhe sequer uma representação diplomática no velório, que foi monumental, porém pago pela França, grata, entre outras coisas, por ter sido Dom Pedro II o primeiro estadista a visitá-la após arrasada pela Guerra Franco-Prussiana. O pungente de toda a história é que o "neto de Marco Aurélio", como se lhe referiu Victor Hugo, resignou-se estoicamente em sendo alvo de cruel injustiça, crendo a história tratar de recompensá-lo. Hoje, bem sabemos, a memória de Dom Pedro II é inexistente; nossos estudantes não aprendem senão meia nota sobre sua vida e seu feitio. E está aí uma das belas ironias da história, muito bem representada pelo incêndio do Museu Nacional: sendo o museu o caráter, e o fogo a recompensa.

Sobre a autoajuda. — Há algumas coisas que considero impossíveis, por exemplo, Donald Trump fantasiado de Buda em uma festa carnavalesca. Outra: um autor de autoajuda com um livro de Dostoiévski nas mãos. E não só de Dostoiévski, mas de Shakespeare também: escrever autoajuda para alguém que leu Shakespeare é uma absoluta impossibilidade. Poderia continuar estendendo a lista de autores, mas resumo: os clássicos; nenhum autor de autoajuda leu os clássicos. E por que isso é tão óbvio? Porque há uma incompatibilidade total entre o que se encontra nos clássicos e o que se encontra em livros de autoajuda. Fico a refletir: há uma herança intelectual transmitida através dos séculos que deve ser respeitada e absorvida por alguém que tenciona dar lições aos outros. Se ainda falamos de Shakespeare, é porque há em Shakespeare algo valioso, perene, comum à toda a humanidade. E diria até que, para alguém que quer conhecer minimamente o ser humano, ou ser minimamente culto, os clássicos são imprescindíveis. Repito, pois, em minha obsessão: dez obras, não mais; eu duvido que qualquer autor de autoajuda tenha lido dez obras quaisquer entre Shakespeare e Dostoiévski. Pode ser que não tenha entendido nada? Não creio. Pode ser que o autor viu na autoajuda o dinheiro fácil?

Talvez... Mas aqui, estou à vontade para cometer a desfaçatez da generalização: um livro de autoajuda não é intelectualmente relevante — desculpem-me, mas não é.

Diplomas e conhecimento. — Acho graça do culto ao diploma. Minha mente voa... Fico imaginando daqui a quanto tempo exigirão diploma para atletas: "Rapaz, antes de bater o recorde mundial dos 100 metros rasos, vá atrás do teu diploma de velocista!", ou para padeiros: "Não, não... isso que fizeste não é um pão. Para fazer um pão precisas, primeiro, de um diploma de padeiro". Acho graça porque claramente o sistema de ensino brasileiro colapsou, enquanto há gente a que agrada humilhar os outros calcando-se em diplomas. Hoje, um diploma não vale muita coisa... Qualquer um forma-se, qualquer um compra um diploma. Sumariamente, a diferença de um engenheiro para um cobrador de ônibus, hoje, é o bigode. Falo, pois, com a autoridade de um diplomado que um diploma não tem relação necessária com conhecimento, somente diz que o diplomado obteve média na somatória de provas e trabalhos e compareceu na frequência mínima exigida pela instituição. Conhecimento é outra coisa...

Chineses e a vaidade. — Sou, há quase uma década, vizinho de porta de uma família chinesa. Acabei, por esse motivo, tendo a oportunidade de conhecer e conversar com mais de uma dezena de chineses. E de um tempo para cá, sem nenhuma razão aparente, passei a articular: parece-me — posso muito bem estar enganado... — que o chinês, via de regra, é menos vaidoso que o ocidental. Aprofundando-me a investigação, descobri que na China não há, por exemplo, debate político. Vejam só! Sempre pensei que um mundo sem debates políticos seria menos arisco e que, sumariamente, todo debate de ideias é, antes, uma guerra de vaidades. Pois que o chinês comum não sente a menor necessidade de ver debatedores disputando inteligência, provando ao público a sensatez das próprias ideias! E o chinês comum não liga o rádio para ouvir o comentarista político a dizer: "Tenho a melhor análise!", ou para ouvir o comentarista econômico a prever: "Tal medida falhará!". O chinês comum, parece-me, faz cuidar da própria vida; e a China, parece-me, não caminha quase a estourar em debates, polêmicas, vendo verter o ódio de todos os lados, com seus cidadãos em rixa, agressivos uns com os outros, quase a se matar por opiniões pessoais estúpidas a respeito de assuntos que, não bastasse o desconhecimento, não lhes guardam a menor possibilidade de ação efetiva. Por um momento, julgo o chinês comum superior ao maior de nossos eruditos.

Nietzsche e a impotência da linguagem. — Nietzsche foi um crítico da linguagem. Sabiamente percebeu que ela só é capaz de generalizar, simplificar o mundo e falsificar o real. Pascal disse parecido seguindo a mesma lógica: a essência, ou o conhecimento, não está passível de ser posto em palavras — ou apreendido. Para Nietzsche, a linguagem é uma tradução, e nosso aparato cognitivo não nos dá senão uma perspectiva da realidade, ou seja: não somos capazes de definir a essência de nada, e saber é questão de interpretar e buscar o domínio do caos da aparência. Muito bem! Pois que eu olho em redor e só vejo convicções, verdades, opiniões sensatas, interpretações fundamentadas, conclusões empíricas, tudo envolto num maniqueísmo absoluto. Cautela e dúvida, hoje, são sinais de fraqueza e falta de preparo. Por isso — e por outras — reconheço minha absoluta incompatibilidade para com meu tempo e meu profundo desprezo para com as pessoas em meu redor.

"**La solitude est sainte**" — assim disse, no século XIX, o poeta romântico francês Alfred de Vigny. Hoje, julgo impossível redigir uma frase como essa; quer dizer: as pedradas seriam a recepção inevitável. Em nossos dias, tudo é coletivo: os homens estão, de mãos dadas, a cirandar em torno do belo mundo que compartilham. E se, por um momento, alguém vê irromper em si um impulso ao retiro, uma necessidade de solidão, pois que não faça alarde! Caso contrário, será esmagado como um inseto, censurado por qualquer um que tenha o desprazer de ver-lhe a falta de maturidade social. O solitário é um doente, não ter em si o senso de coletividade é ser inferior. Hoje, só o bem comum interessa, e só ao bem comum deve direcionar-lhe os esforços alguém sensato, moderno e consciente. Sendo assim, não me considero senão um quadrúpede: julgo qualquer tipo de inteligência coletiva impossível e não tenho em mim qualquer senso de pertencimento. O ser humano, para mim, só se desenvolve intelectualmente no silêncio e no retiro. Por isso não posso ser lido, e por isso não encontro sequer um livro de Vigny em português na Amazon ou na Saraiva. Este século é espaçoso demais para ceder albergue à solidão.

Futuro da humanidade. — Tenho algumas perspectivas otimistas no que tange ao futuro da humanidade. Aqui vai uma: imagino uma hipótese em que, num futuro próximo, os avanços digitais possibilitariam que João, um estocador de frios, comprasse um bilhete para embarcar eternamente em uma instigante realidade virtual. (Para que o mundo se tornasse realmente melhor com o avanço, o preço do bilhete teria de ser acessível; digamos, custando o equivalente a três anos de trabalho braçal.) Então João deixaria de ser um trabalhador mal remunerado, com péssimas perspectivas, insatisfeito com a vida, importunado pelos bancos e adotaria um *nickname* interessante, abrindo mão de uma vida pífia para adentrar em outra estimulante, repleta de aventuras e desafios, que guardasse glória e respeito ao *player* esforçado. O novo João, a depender de seu esforço, poderia ocupar uma posição de destaque em sua nova realidade. Em contrapartida, cá do lado real do mundo, a ciência poderia inventar uma máquina que mantivesse o funcionamento do cérebro de forma independente do corpo; isso possibilitaria que João, uma vez participante da nova realidade, fosse cortado do pescoço para baixo, sendo seus órgãos vitais destinados a transplantes.

É uma possibilidade um tanto otimista: João ficaria satisfeito e faria a felicidade de algum necessitado. Demais, seus restos materiais — a princípio inúteis — poderiam ser usados em pesquisas científicas ou a outras finalidades que interessassem à evolução da espécie. Acredito que, dessa forma, a ciência e a tecnologia digital certamente estariam operando para a felicidade geral, o bem-estar da sociedade e o progresso da humanidade da uma forma socialmente sustentável e consciente.

Lições de história. — Um brasileiro comum, hoje, certamente sabe dizer o nome do presidente do STF, da Câmara ou do Senado. Sabe dizer, também, o nome dos ministros do governo. Em contrapartida, não sabe dizer, de pronto, quais eram os presidentes do STF, da Câmara e do Senado em 2009. Também não sabe dizer, por exemplo, o nome dos ministros do governo em 2005. Pouquíssimos brasileiros sabem, de fato, dizer o nome de um único presidente do Brasil no período entre Floriano e Vargas — e cá se vai meio século! Em contrapartida, um número muito maior sabe dizer o nome de um livro de Machado de Assis, ou qual a obra máxima de Euclides da Cunha, ou ao menos dizer que faziam da vida o Machado de Assis e o Euclides da Cunha. Esse tipo de reflexão nos permite, facilmente, constatar a relevância histórica dos fatos, dos políticos, e a inutilidade das questões cotidianas. O jornal de hoje daqui a um ano não terá uma mísera notícia digna de leitura. Assim nos ensina a história...

Candide ou l'optimisme, de Voltaire. — Assim como *Animal Farm*, de George Orwell, é a melhor vacina contra o comunismo, *Candide ou l'optimisme*, de Voltaire, é a melhor vacina contra a risível noção contemporânea de autossuficiência do homem. "Você pode conseguir o que quiser", "o mundo é uma projeção do seu interior", "pensar positivo é a chave para o sucesso", e outros muitos jargões contemporâneos são facilmente derrubados pelo escárnio de Voltaire. E se temos hoje ressalvas quanto ao julgamento da filosofia de Leibniz feito em *Candide*, em decorrência do redescobrimento deste filósofo já no século XIX, a obra imortal de Voltaire não deixa jamais de perder seu valor instrutivo. Em suma, Voltaire coloca Candide diante da impotência humana perante o meio, da implacável maldade humana em todas as terras e do vil desejo que comanda nossas ações. E Candide, mesmo encontrando o paraíso terrestre após uma sucessão escandalosa de desditas, decide deixá-lo após julgar que neste país seria "como todos os outros" e que não estaria na companhia de sua amada — que, segundo seu julgamento, já deveria dispor de novo amante; — mostrando-nos como o homem é refém da própria natureza e da própria ambição. Podemos tirar de *Candide*, pois, uma lista de lições, dentre elas estas, valiosíssimas em nosso tempo: humildade perante as nossas possibilidades, vergonha perante a ambição que nos domina e reverência perante o fado que nos assola.

Pretensão moderna. — O desenvolvimento científico, com sua inestimável contribuição para a humanidade, trouxe um progresso material inédito na história. O brilhantismo do aprimoramento da técnica, da solução de problemas antes tidos como insolúveis, da elevação drástica do padrão médio de vida ofuscaram de forma total as demais áreas do conhecimento. Entretanto, a sociedade moderna contaminou-se com a sensação estúpida de autossuficiência. O erro humano, por ser em grande parte mitigável, já não é visto como ameaça. A filosofia, a teologia e as ciências sociais tornaram-se, se muito, secundárias. Enquanto escrevo, aviões voam e órgãos vão sendo transplantados. Observo os avanços, vejo volatizada a sensação de progresso, percebo brilhar a ilusão de que o homem está próximo do ápice — apesar de faltar-me tino para saber que exatamente seria esse ápice... — Vejo, acima de tudo, a confiança dos estúpidos. Vejo a voracidade das tecnologias que se impõem sem pedir licença, mudam a realidade como num relampejar; destroem aperfeiçoando e, por aperfeiçoarem, acabam inquestionáveis. Percebo no limbo qualquer hierarquia de valores. O que já foi núcleo de sentido, as relações, hoje são frágeis, substituíveis, virtuosas enquanto úteis. Os sábios, sobretudo, estão com a cara enfiada num celular; torcem pelo barateamento dos implantes... Se falam — e deveriam! — o fazem baixinho, em sussurros quase inaudíveis. Onde estão os limites? Não há limites para o homem! Esquecemos do valor do fútil, esquecemos que desastrosos são os bem-intencionados. A consciência da falha, da perversão e da cobiça sucumbiu dando à luz esperança absoluta, que não é senão a certeza do sucesso. Acabo constatando o óbvio: a estúpida pretensão moderna só pode desembocar numa desilusão total e atroz.

O cristão comum. — A despeito de frequentar os cultos, festas, participar ativamente da comunidade, publicar provérbios e mensagens apologéticas nas redes sociais, não vejo uma única distinção de conduta do cristão comum perante o resto das pessoas. Está, claro, registrada a prescrição de Jesus quanto à conduta, mas quantos a seguem? Penso que o cristão, necessariamente, deveria diferir dos demais, caso contrário ser-se-ia cristão por inércia. Vejo isso, por exemplo, em islâmicos. E que faz, em nossos dias, o cristão comum? Canta à plena voz durante o culto? Paga o dízimo? Mesmo os líderes: em que moeda pagam pelo título de autoridade espiritual? Pergunto-me pois, engraçado! Acabo de ver um pastor evangélico, trajado em social, entrar num boteco, comer um salgado e seguir sua vida. Senti, subitamente, que eu mesmo poderia pegar um microfone e, bem vestido, pregar à meia dúzia de fiéis.

Corrupção humana. — Segundo Pascal, o homem está corrompido a tal ponto que nem o conhecimento está imune de falsificação. Se levarmos tal afirmação a sério, será forçoso que adotemos uma postura humilde em relação a tudo: teremos de duvidar de cada uma de nossas palavras e ter extrema cautela com qualquer coisa que se nos afigure como "convicção". Trataremo-nos com certo desprezo, e amor-próprio será palavra impossível. É provável que evitemos o contato e nossa independência, caso se manifeste, fá-lo-á de forma comedida. Em resumo: seremos exatamente o contrário dos homens do século XXI.

"Amar e ser amado." — Eis o capitalismo aplicado às relações afetivas, dando-nos mostras de seu imenso vigor. Poderia dizer: só ama quem não exige nada em troca, ou ama-se justamente por nada exigir. Mas como soaria ultrapassado! Hoje é tudo um intercâmbio: "Gero valor, pois quero logo minha retribuição!". E é ingênuo achar que as permutas não se apliquem a tudo, que o maior dos amores ou a mais ínfima das convenções se não sumarize numa relação de troca. Para tanto, basta um modesto exame interior...

Imprecisão dos textos bíblicos. — Há um argumento extremamente irritante na refutação dos textos bíblicos: a precariedade no processo de reconstrução e transmissão dos textos antigos. Ora, se considerarmos que os métodos de transmissão eram precários a ponto de comprometer a autenticidade do que foi escrito, — e tivermos o mínimo de coerência, — então teremos de atirar no lixo tudo quanto foi produzido na Antiguidade; logo, estaremos proclamando a falsidade de, para citar um único exemplo, toda a obra de Aristóteles. Creio seja absurdo acreditar na falsidade do que foi escrito e repassado à luz de milhares de testemunhas ao longo do tempo, em absoluto foco de atenções: para tanto, será forçoso acreditar na ação conjunta de muitos homens de distintas gerações em prol da falsificação. Isso, a mim, não é senão uma ofensa covarde à honrosa iniciativa de tantos ao longo dos séculos a fim de preservar o conhecimento humano; se procedemos desta forma, acabaremos por considerar, rigorosamente, inválida toda a produção cultural que não a da modernidade.

Liberdade? — Raia a segunda-feira. O sujeito acorda, cedo, e dirige-se o trabalho, onde lhe passa o dia. Torna à sua casa, exausto, onde lhe restam poucas horas antes de dormir. No dia seguinte, repete a rotina, e depois e depois, a esperar no fim do mês um salário. Finais de semana: se o dinheiro sobra, — ou falta, — é hora de empregá-lo a obter algum prazer. Passa-se um, dois, vinte anos, e o sujeito permanece na rotina, já ansioso pelo dia em que o Estado lhe pagará as despesas mensais. Pergunto: a liberdade, se em doses homeopáticas, não seria a escravidão? Ou ainda: não se perceber escravo não seria, em essência, patologia cerebral? De qualquer forma, reconheço: é melhor que tudo fique como está, seja pela placidez da rotina, seja pela escassez de antidepressivos no mercado.

Pastores evangélicos. — O capitalismo é pleno entre os pastores evangélicos. Não que constitua algum demérito, mas capitalizar o nome de Deus soa-me um *marketing* demasiado agressivo. Por que novamente me meto onde poderia evitar? Em todos os tempos e em variadas religiões, foi o líder espiritual um asceta: negando os prazeres da carne, pagava pelo título de autoridade espiritual. Exatamente com a igreja evangélica isso mudou, e hoje o pastor veste traje completo, tem esposa e anda de Hillux. Será que só a mim causa estranhamento? Percebo, desconcertado, a obsessão de pastores com os fariseus: vejo-lhes condenando, num só pacote, o conhecimento e a ganância. Mas nunca vi, nem ouvi falar, em toda a minha vida, de um único pastor de igreja mediana em dificuldades financeiras: mais, a pregação remunera-lhes qual exitosos empresários. Creio precisarmos de uma redefinição: que é a ganância? Sobretudo, que sempre representou a ganância nos tempos antigos? Prossigo — e arrepio-me diante da obsessão: — só pode falar de ganância aquele que dá as costas ao dinheiro. E se vejo um pastor evangélico com mais dinheiro que seus fiéis, considero-o um hipócrita. Paciência, muita paciência com minhas generalizações... Mas não sou eu a pregar que somos todos irmãos. Por que o pastor não dá o exemplo? Poderia começar, de bom grado, partilhando-lhe a riqueza e guardando para si somente o necessário à vida — e a espalhar seu verbo, como mensageiro de Deus. Mas se contenta o pastor com tão pouco? De jeito nenhum! O pastor quer apartamentos e carros luxuosos, quer viajar pelo mundo e julga-se filho de Deus, isto é, julga-se apto a gozar, também, dos prazeres do capital. Muito bem, muito bem... E cada qual lidando com a própria ganância e mirando a face hipócrita no espelho.

É meritório ser evangélico. — Cá estou ironizando pastores, mas a verdade é que, em geral, tenho mais respeito por evangélicos do que por ateus. Quero dizer: em geral, encontro maior militância ateia que evangélica, e considero o sujeito que se acha inteligente ou superior por ser ateu um belíssimo idiota. Ser evangélico é meritório: envolve um esforço ativo que induz o conflito espiritual. É-se ateu sem ler absolutamente nada; o evangélico, no mínimo, lê a Bíblia. Isso diz bastante: o ateu médio não reflete, não sabe e não busca saber o que se passa em sua vida; a Bíblia, porém, obriga o evangélico à reflexão. Um cachorro, por definição, não reflete e é ateu. Já a maioria dos evangélicos, sem dúvida, cultua a fé em silêncio e repetidas vezes. Comparando o evangélico comum ao ateu comum a conclusão é clara: este é ateu por inércia, aquele esforça-se pela fé. Por isso o meu respeito. E mais: o olhar evangélico diante da vida é corajoso. O ateu ordinário, por sua vez, é desprovido de qualquer profundidade de espírito, angústia existencial e caracteriza-se sumariamente por não pensar. O ateu comum compra um *iPhone* e conclui que o homem não precisa de Deus.

Protestantismo e futuro próximo. — O protestantismo, incentivando a livre interpretação da Bíblia, arrasou a unidade da doutrina cristã. Hoje, é dificílimo, talvez impossível dizer exatamente que deve fazer um cristão, posto tudo se tornou relativo: a exegese pode variar até a antinomia. Mas não poderia ser diferente: é este o resultado de milhares de pastores incapazes de ler uma bula de remédio interpretando os textos sacros. Em compensação, dependesse da passividade dos católicos, o cristianismo estaria morto. Digo isso e constato: no Brasil, o futuro está muito bem desenhado: haverá cada vez menor proporção de católicos nas próximas gerações, enquanto os protestantes tendem a ganhar espaço. E serão estes últimos a travar o conflito contra a mecanização cabal do ser humano, a inconsciência frente à realidade, o relativismo completo da moral, a negação da história e a ilusão da autossuficiência do homem.

Sobre a peste. — Como habitual, a contingência expondo a fragilidade do homem, desnudando-o por completo. Seus reflexos naturais: o medo e o desespero. Assim, nenhuma novidade: cadáveres sempre assustaram. Entretanto, talvez a nova peste tenha exposto um fresco fenômeno de massa: a dependência do trabalho. Digo isso por ver os que, enclausurados à força, gritam ao ver-se-lhes a vida esvaziada de sentido, quer dizer: se não há o trabalho, que resta ao homem? Versamos aqui sobre uma classe que, ao menos, tem na vida algum propósito... Mas aí está o que a peste ilumina, a despeito das evidentes fragilidades econômicas e sociais modernas: a vida orientada à profissão envolve um risco óbvio, agravado paulatinamente pelo tempo, de converter em doença fatal o vazio das mãos que se lhe veem escorrer pelos dedos o trabalho. Mãos que, aposentadas, poderão encontrar numa corda o seu único alívio.

História da literatura ocidental, de Otto Maria Carpeaux. — Esse colosso de quase 3 mil páginas, é, simplesmente, um monumento imortal erigido em língua portuguesa e publicado no Brasil. O austríaco Otto Maria Carpeaux, que adotou nossa pátria e pôs-se a aprender nosso idioma já na meia-idade, deu às letras nacionais o que brasileiro algum jamais dará. Pode-se dizer, sem medo do erro, que foi Carpeaux o maior erudito brasileiro de todos os tempos. E, se temos no jardim esse colosso único, impressiona que nós, brasileiros, não demos o menor valor. Palavras de Carpeaux que prefaciam a primeira edição da obra dão ideia da magnitude desta *História da literatura ocidental*:

"Estudaram-se todas as literaturas românicas e germânicas da Europa e seus ramos na América do Norte e do Sul; as eslavas e outras da Europa oriental; e, naturalmente, as literaturas grega e neogrega. (...) Foram estudados, em suma, mais de 8.000 autores. Mas a obra não tem pretensão nenhuma de ser um dicionário bibliográfico completo."[1]

Modéstia... O estudo empreendido por Otto Maria Carpeaux e publicado em 1959 é único a nível mundial. É o que diz, também, Olavo de Carvalho, em excelente ensaio que prefacia a edição da Topbooks de *Ensaios reunidos*, outra obra de Carpeaux:

---

1   CARPEAUX, Otto Maria. *História da literatura ocidental*. Brasília: Senado Federal, 2008. v. 1.

"O homem de quem estamos falando é autor da única história da literatura jamais escrita na qual a sucessão das idéias e criações literárias no Ocidente, de Hesíodo a Valéry, aparece como um movimento contínuo que, por baixo da variedade desnorteante das suas manifestações, não perde jamais a unidade de sentido."[1]

Que dizer? Penso em Carpeaux e me espanta o silêncio. Não se fala em Carpeaux, não se comenta sobre o homem de maior relevância na crítica literária nacional. Hoje, já estamos em distância que nos permite o juízo imparcial: Carpeaux, dentre todos os críticos, foi quem prestou o maior serviço às letras nacionais. Nada em português se compara à sua *História da literatura ocidental*, obra capaz de dotar qualquer estudante de um conhecimento abrangente e preciso sobre os principais autores de mais de vinte séculos de literatura, capaz de guiar um plano de estudos por décadas. E engana-se quem pensa que Carpeaux tão somente apresenta os autores e insere-os no contexto em que produziram suas obras; Carpeaux critica, transita com extrema argúcia por entre as correntes de pensamento mais diversas, pelos variados estilos e variadas concepções estéticas, analisa biografias e traça a evolução dos autores, insere as obras no contexto em que foram produzidas mostrando-nos, por fim, o peso histórico de cada autor segundo o seu julgamento.

---

1   CARPEAUX, Otto Maria. *Ensaios reunidos*. Rio de Janeiro: Topbooks, 2006.

Notas

Mas onde estão, por exemplo, as traduções dessa obra imensa? Longe, muito longe... Digo e pareço sonhar. Carpeaux não aparenta sequer consolidado no Brasil. Não atraiu sequer o interesse de biógrafos. Pergunto: o que estamos esperando? que surja alguém mais relevante a escrever sob o sol brasileiro? alguém de cultura superior? Ah, claro... então esperaremos... esperaremos, talvez, por muitos séculos, talvez para todo o sempre... Otto Maria Carpeaux foi um intelectual enorme. Deu ao Brasil o que nunca tivemos, o que sempre nos faltou. Será que podemos, hoje, prescindir de Carpeaux? virar as costas à sua *História da literatura ocidental*? É uma escolha. Contudo está, diante de nós e muito bem construída, a ponte para integrar nossa literatura a todas as culturas de todas as épocas. Cabe-nos, porém, a decisão de atravessá-la — ou, é claro, continuar como somos: irrelevantes no cenário mundial.

O problema genômico. — No ensaio *Da ciência e do medo*, disponível em seu *Do pensamento no deserto*, Luiz Felipe Pondé faz uma reflexão interessantíssima a respeito do que podemos chamar de "problema genômico". Diz ele que certa vez, "andando pelo jardim do *campus* de uma das maiores e mais ricas universidades do chamado "primeiro mundo"", conversou sobre genômica e os riscos da engenharia genética com um grupo de técnicos em genética e biologia molecular. Deu-se o seguinte:

"Uma das técnicas afirmou que não entendia a parafernália que a filosofia e a ética inventavam

sobre a ciência em geral, mais especificamente criticava ela o blablablá sobre os possíveis desdobramentos sociais da atividade concreta e diária do laboratório genômico."[1]

Então Pondé prossegue no ensaio, como respondesse à estimada proletária da ciência, esmiuçando todos os impactos que uma indústria genômica robusta traria em termos éticos, sociais e morais. É um cenário assustador. Estamos falando de engenharia genética, inseminação artificial, gestação mediante úteros artificiais, — quem sabe? — incubadoras e tudo o que não se pode imaginar da evolução desta marcha aplicado em larga escala. Pondé mostra-nos como o processo é inevitável e atacará o ser humano em sua dimensão mais íntima, destruindo interiormente importantes fulcros formadores de sentido, tudo impulsionado por um irrefreável desejo de emancipação. Com a moral sepultada pelos ganhos da técnica, restará finalmente o vácuo, exposto e inconsolável. Mas que fazer? como evitar o desastre? Não há que fazer. A ciência servirá de amparo ao processo, calcando-se em suas numerosas maravilhas. Eis como Pondé engenhosamente presume o avanço da indústria genômica:

"A tendência, como no caso de nossa agente social genômica, será a mediação burocrática opera-

---

[1] PONDÉ, Luiz Felipe. *Do pensamento no deserto: ensaios de filosofia, teologia e literatura*. São Paulo: Editora da Universidade de São Paulo, 2009.

da pelas instituições competentes. No plano psicopragmático e sociopragmático, o que estará em jogo é a continuidade do processo emancipador — e aqui deveríamos levar em conta de modo mais sério a pragmática publicitária: "dê a seu filho o que há de melhor em você!", ou "você não está se preocupando com o futuro de sua família?" "Previdência é a palavra-chave". Uma tendência à reorganização social em base bionômica é irreversível. (...) Uma ampla frente de normalização será posta em prática: normalização securitária (inclusão dos bens genômicos nas apólices de seguro de saúde), normalização jurídica (definição de direitos genômicos), normalização pedagógica (definição da meta pedagógica como produção de indivíduos horizontalmente psico-bio-sociofelizes), normalização psicológica (definição da personalidade integrada como o direito a biofelicidade sem culpa), normalização social (combate a privatização dos bens genômicos), normalização política (campanha contra os preconceitos biofundamentalistas — o dogmatismo naturalista de raiz platônica a serviço do medo e da culpa — e contra o genismo, entendido como discriminação com base no menor capital genômico dos indivíduos excluídos da prática preventiva)."[1]

Sobra-nos, como sempre, a resignação e o sorriso cínico a estampar na face...

---

1   Cf. nota 1 da página anterior.

A pátria das letras. — Estive em Paris a meados de 2019. Logo ao desembarcar, deliberei: aproveito a estada e levo algumas obras que tenho dificuldade em encontrar no Brasil. Pois bem. Foi-me a primeira vez na cidade. Aconselharam-me a buscar pelos livros em pequenos sebos à borda do Rio Sena, pela altura do Louvre, para encontrar os melhores preços. Lá fui e chegando, vejam vocês, encontrei não uma, mas vinte tendas enfileiradas, até perder a vista, todas elas abarrotadas de livros. "Estou na pátria das letras" — concluí. Então comecei a fazer contas: não tinha espaço nem dinheiro para levar tudo o que queria comprar. Teria de escolher, digamos, quatro ou cinco autores e só. Desejava, de qualquer maneira, uma versão física de *Les fleurs du mal*, de Baudelaire; *Aveux et anathèmes*, de Cioran, era outra compra indispensável. Decidi-me, pois, e perguntei ao primeiro vendedor: "*Avez-vous quelque chose de Baudelaire, Cioran, Flaubert ou Maupassant?*". O *quelque chose* soou-me como insolência. Ali certamente estariam as obras completas de todos os autores... O vendedor procurou, procurou, procurou e voltou-me a resposta: "*Non*". Segui à próxima tenda; novamente a resposta: "*Non*". Então passei em cada uma das barraquinhas, sempre fazendo a mesma pergunta, e sempre obtendo a mesma resposta. Quando recebi o último "*non*" e notei que haviam acabado as tendas, simplesmente não acreditei, pensei ser impossível a cena que eu vivenciara. Havia, como disse, umas vinte tendas, cada uma delas com duas, talvez três centenas de livros. Como é que nenhuma dispunha de uma única obra de Charles Baudelaire, o maior poeta do século XIX? Vá lá que os franceses não leiam Cioran, mas Baudelaire? Flaubert? Foi que me deu na cabeça a pergunta óbvia: "Se não há Cioran, Flaubert, Maupassant ou Baudelaire, de que é que essas tendas estão abarrotadas?". E, acreditem vocês ou não, varrendo a prateleira mais próxima com os olhos, lá encontrei, em posição de destaque, *L'alchimiste*, de Paulo Coelho.

Casa-grande & senzala, de Gilberto Freyre. — Aí está algo que me desagrada: classificar estas notas por temática. Burocracia irritante, quando quero simplesmente escrever. Sobre o que escrevo exatamente? Eis um enigma — mas quem se importa? — E outro enigma muito mais difícil, e tão pouco importante quanto, seria classificar *Casa-grande & senzala*. Aqui, contentamo-nos com "história". Mas seria mesmo história? Ou sociologia? Antropologia? Um ensaio ou literatura? Nenhum destes ou tudo isso misturado? Gilberto Freyre, ainda em vida, teve de ouvir numerosas críticas aos mais diversos aspectos da obra, contudo ainda hoje, quase um século após sua publicação, não há, talvez, um único livro capaz de mostrar-nos com tamanha abrangência e detalhamento os aspectos de formação da sociedade brasileira. A obra entrega o contexto histórico, psicológico, antropológico e sociológico desde os princípios da colonização analisando a evolução e os precedentes da vida cotidiana em diferentes núcleos sociais. Os críticos bem apontam Gilberto Freyre ter deixado de preencher alguns formulários... Verdade, verdade... Os formulários... As 72 páginas de bibliografia da obra deveriam ser, naturalmente, 572. Mas se o leitor, indulgente e benigno, for capaz de lidar com esse descuido imperdoável, esteja certo de que *Casa-grande & senzala* entregará, em linhas de intelectual apaixonado pelo país em que viveu, o cheiro dos séculos passados — cheiro esse, aliás, incrivelmente semelhante ao que exala de nossa pele.

História da República, de José Maria Bello. — Esta *História da República* praticamente não existe. A minha versão, coitada, impressa em 1956, está em estado lamentável de conservação. Nessa obra José Maria Bello, em escrita lúcida, concisa e penetrante, percorre 65 anos da história brasileira, em intervalo que parte de 1889 a 1954. Por que a classifico como excepcional? Primeiramente, pela esmerada forma: o livro está muitíssimo bem escrito e organizado. Em segundo lugar, pela abrangência: José Maria Bello percorre o período esmiuçando fatores de ordem social, política, econômica e cultural, não apenas apresentando fatos, como é do gosto de alguns historiadores, mas os interpretando, conectando, desenhando um panorama da sociedade e traçando sua evolução no tempo. Terceiro: pela imparcialidade do autor. Leio na contracapa de minha versão: "O que mais admira no autor, é que, político e militante, contemporâneo de grande parte dos acontecimentos, que descreve, sabe manter-se imparcial e sereno, dando-nos assim uma visão completa de todas as agitações e revoluções que tumultuaram êstes primeiros quarenta anos da República". De fato, eu não saberia dizer, mesmo após a leitura, qual a posição política do autor; impressiona-me, inclusive, saber que José Maria Bello foi político e militante. Mais: não vejo, em toda a história brasileira, período mais importante que exatamente o abordado na obra (queda do Império e instauração da República) para a compreensão do Brasil recente. Já pelos governantes, já pela sucessão dos fatos, talvez não haja período a ter marcado mais profundamente o caráter da nação — e, ironicamente, talvez não haja período mais ignorado. Nenhum destes motivos, porém, se compara a este último, que a mim faz com que a obra seja genuinamente uma preciosidade: a proeminência do autor quando em descrevendo o psicológico das principais figuras da época. José Maria Bello faz autênticas pinturas, traça-lhes não só as ações, mas lhes interpreta as motivações, delineia-lhes o caráter e, ainda que diante de personalidades ambíguas, sabe-lhes apontar mérito, valorizá-los o quanto pode, a tentar ser benigno com todos, o que é algo verdadeiramente nobre. O livro, entretanto, só existe em raríssimas unidades, muitas delas em triste estado — como a minha — e, aparentemente, não há intenção alguma de reimpressão da obra. Uma lástima!

Historia geral do Brazil, de Francisco Adolfo de Varnhagen. — A vontade, aqui, é de sentar no meio-fio e chorar. Francisco Adolfo de Varnhagen, distintíssimo Visconde de Porto Seguro, pai e maior expoente da historiografia brasileira, simplesmente, esquecido. Esta *Historia geral do Brazil* foi a primeira tentativa sistemática, organizada e que dispôs de recursos abundantes — graças a D. Pedro II — para traçar um panorama histórico da formação da sociedade brasileira. A seriedade do trabalho e a qualidade da documentação reunida, que custaram a Varnhagen mais de trinta anos de esforço e pesquisa, estão bem evidenciadas no prefácio da segunda edição:

"Uma obra desta natureza, em quanto o autor vive e trabalha, nâo chegou ao seu verdadeiro fim; pelo que, de taes obras, nâo se podem fazer estereotypicas sendo os autores vivos. Necessitavamos entretanto, por meio desta ediçâo, alliviar-nos dos grandes cuidados que nos estava dando a guarda do seu original, sempre receosos de que, por um incendio ou qualquer outro accidente, se perdessem, para o paiz e para o público, os novos fructos recolhidos nos ultimos dezenove annos, — desde 1857, em tantos proximamente como haviamos levado a reunir os elementos para a primeira edição."[1]

Pobre Visconde de Porto Seguro... soubesse a sorte que guardaria o futuro para o trabalho de sua vida... Creio seja natural que o cidadão comum se não interesse pela própria história, por sua origem,

---

1 VARNHAGEN, Francisco Adolfo de. *Historia geral do Brazil antes de sua separação e independência de Portugal.* Rio de Janeiro: E. & H. Laemmert, 1877.

pelas raízes de seu povo, nem por nada que exceda o seu mundinho banal. Mas aqui, não sendo possível encontrar Varnhagen numa livraria, a questão toma forma acintosa. É uma verdadeira vergonha ver Varnhagen fora de circulação, e mostra ser o Brasil merecedor da relevância cultural nula que dispõe no cenário internacional.

Dificuldades da língua portuguesa, de Manuel Said Ali. — Manuel Said Ali foi um enorme intelectual brasileiro. Erudito de primeiríssima linha, conhecedor profundo de grande variedade de línguas e civilizações, partindo do alemão até o grego, latim, sânscrito e sabe-se lá mais quantas, dedicou-se nesta obra a esmiuçar questões escabrosas do nosso idioma. Este *Dificuldades da língua portuguesa* é interessantíssimo: vemos um especialista percorrendo, conosco, o progresso do idioma, cavando as estranhas da língua a buscar as justificativas para suas anomalias e particularidades, sempre procurando entender as motivações estilísticas — ou expressivas — que causaram a evolução, muitas vezes aparentemente ilógica, de seus vocábulos e construções. Said Ali coloca-se como que dando lições a gramáticos inflexíveis, desconhecedores da evolução do idioma, da sujeição da gramática à língua falada, iluminando-nos, ademais, em diversas questões que naturalmente suscitam muita dúvida no uso do português. Consagrado e respeitado por muitos intelectuais, Said Ali ocupa lugar honroso entre os estudiosos da língua portuguesa. Entretanto, parece não agradar às livrarias e editoras...

Gramática metódica da língua portuguesa, de Napoleão Mendes de Almeida. — Esta é simplesmente a melhor gramática portuguesa disponível no mercado — leia-se: nos sebos. — Digo isso após extensa pesquisa, após contato com diversas outras gramáticas, digamos, mais "atuais". Que precisa uma gramática para ser boa? Em primeiro lugar, de método. O autor precisa saber organizá-la de maneira coerente a expor-lhe a matéria. Os capítulos devem prosseguir como operassem uma continuidade na cabeça do estudante. Caso contrário, a gramática deixará de ser objeto de estudo sistemático, passando a ser tão somente uma ferramenta de consulta: não é o que Napoleão Mendes de Almeida propõe. Uma boa gramática, também, depende da capacidade elucidativa do autor, de sua habilidade em expor da maneira mais clara e precisa possível a maleável matéria de que se ocupa. Aqui, Napoleão Mendes de Almeida destaca-se indubitavelmente. Lemos suas explicações com atenção e todas as dúvidas parecem sanadas, todos os aspectos das questões parecem abordados e as regras do idioma se nos apresentam claras, simples e concisas. Outro ponto fundamental: variedade e qualidade de exemplos. Novamente, entre todas as gramáticas que tive contato, nenhuma se aproxima do patamar alcançado nesta *Gramática metódica da língua portuguesa*. Temos, aqui, exemplos escolhidos a dedo, seja da linguagem popular ou retirados de grandes artistas. Infelizmente, porém, esta obra saiu do circuito, inabita as livrarias e salas de aula. Paciência... Mas poderíamos dizer presumível, coerente...

O homem que nasceu póstumo, de Mário Ferreira dos Santos. — Que vi em Mário Ferreira dos Santos? Posso resumir da seguinte maneira: vi, simplesmente, um brasileiro conversando de igual para igual com Nietzsche. A interpretação de Mário é brilhante, para dizer o mínimo. O conhecimento exposto através de seus comentários, a mim, é algo inédito. Se esse filósofo enorme foi praticamente ignorado em vida, tratando de editar ele mesmo os próprios trabalhos e havendo em torno de si um silêncio absoluto por parte dos intelectuais do país, agora aparentemente foi descoberto, e seus mais de 40 volumes parecem estar sendo reeditados. *O homem que nasceu póstumo*, porém, ainda não foi contemplado com a reedição — que, aliás, é necessária, visto haver na obra alguns erros simplíssimos de edição que lhe arranham a qualidade. — Mas esperamos que seja em breve, pois este trabalho merece edição digna de si e merece — o dedo revolta--se... — estar, no mínimo, disponível para compra nas livrarias.

Injustiças sem fim. — No estudo da história, mais impressionante que as conquistas, as guerras, o desenvolvimento das civilizações e todo o resto, é a sucessão quase que inacreditável de injustiças cometidas contra os grandes homens. Minoria são os que, honrados, valorosos, angariaram para si uma memória digna da própria obra. Pior que as perseguições que alguns tanto sofreram em vida, pior que o desprezo, a conspurcação pública, a pobreza, a vida que se lhes apresentou como uma sequência de frustrações, desgostos, um após o outro, amontoando-se e avultando como fossem provações, pior que tudo isso é, após a morte, caírem em olvido, senão em difamação, quando já não podem responder ou, ainda: provar como a raça humana lhes é indigna.

O país que cospe nas próprias origens. — O sentimento estúpido que inspirou as maiores homenagens já feitas a cidadãos brasileiros parece renovar-se de contínuo e ter, pela insistência, cristalizado na alma da nação o juízo infame de que o Brasil começou com o grito do Ipiranga, senão com a proclamação da república. Em redor de todo o território, em todos os "monumentos culturais" de norte a sul, vemos exposta a mente de um país eternamente ingrato e mesquinho, indigno e inculto, quando cospe nas próprias origens, exatamente em quem lhe entregou a civilidade, germinando-lhe o sentimento de preservação e amor pela terra a custo de muitas vidas e permitindo que, neste solo, se desenvolvesse uma civilização de base cultural europeia. Seja pela preservação do território, seja pelo empenho em fazer robustecer nos habitantes a percepção do Brasil enquanto nação, seja pelo reconhecimento honroso de figuras as mais diversas como Filipe Camarão, Henrique Dias e tantos outros, seja pelo sangue derramado ou seja pelo assentamento das fundações de um estado moderno, foram os inglórios portugueses os maiores benfeitores do Brasil, queiram os filhos ingratos ou não.

O passaporte para a glória. — É possível conjeturar uma fórmula a respeito de como alcançar a glória após a morte. Resumimo-la em dois tópicos: (1) quanto mais beligerante, agressivo, impetuoso e agitado o sujeito for em vida, melhor o terão em memória os habitantes de seu país, e consequentemente maior lhe será a glória; (2) quanto mais judicioso, sereno, conciliador e pacífico for o sujeito em vida, maior será a chance de que sua memória seja rapidamente esquecida, e consequentemente menor lhe será a glória. Observações: atos de prudência quase nunca marcam a história. Marcam, estes sim, os atos de bravura ou de falsa bravura. Quanto aos artistas e intelectuais, o estudo sério não costuma render frutos, quando é infinitamente mais fácil cravar o nome nas páginas da história cometendo um atentado diante do dificílimo trabalho de produzir obra de valor universal. Por fim, arriscamos ousadamente a elaboração de um roteiro que, julgamos, seja a maneira mais simples de alcançar a glória: (1) filiar-se a algum partido político de qualquer ideologia; (2) alcançar a liderança deste partido, submetendo-se a quanto for necessário para tal (a história dificilmente se lembra dos meios pelos quais se atinge um posto de liderança); (3) militar muito, militar em todos os ambientes, verter ódio pela língua e pelos dedos a fim de conseguir o maior número possível de séquitos (comprá-los também funciona); (4) produzir qualquer forma de rebelião social, de preferência envolvendo conflito armado e, se possível, mortes (quanto mais mortes, melhor; quanto mais tempo a rebelião se sustentar, também melhor); (5) divulgar, nesse meio-tempo ou pouco antes, um folhetim ou panfleto (e melhor se camuflado em obra artística) contendo qualquer sorte de ideias políticas e sociais. Esses passos, julgamos, são mais que suficientes para consagrar uma memória para sempre, independentemente de seus efeitos, premissas, ou do caráter de quem venha a executá--los.

A resistência dos burocratas. — Admira-me a resistência dos burocratas. No mundo sobejam burocratas. Dez, quinze, trinta anos executando, exatamente, as mesmas funções, cumprindo os mesmos processos, satisfeitos e orgulhosos da própria experiência. O semblante grave ao trabalhar, as palavras que lhes saem transmitindo segurança, perícia, precisão. Versados em relatórios, formulários, requisições formais. Mestres em procedimentos, especificações, certificados, regulamentações, atas... Admira-me a resistência dos burocratas, pois me não imagino em semelhante universo senão em desespero, frustração extrema, desejoso da morte. Trinta anos preenchendo formulários? Por favor, por favor, dê-me da mesma cicuta de Sócrates...

Riqueza e liberdade. — Tornou-se moda diferenciar sinônimos a fim de adequá-los a ideologias e vender qualquer sorte de conselho. Os exemplos são inúmeros: "solidão" e "solitude", "objetivo" e "meta" e muitos outros. Recentemente, deparei--me com um sujeito a diferenciar *"rich"* de *"wealthy"*. Segundo ele, *rich people* são pessoas com muito dinheiro, enquanto *wealthy people* são pessoas com muita liberdade. O raciocínio é o seguinte: a verdadeira riqueza — que pode ser traduzida tanto como *richness* quanto como *wealth* — está, em verdade, associada à liberdade, à disposição de recursos que permitam a desobrigação do trabalho, que abram possibilidades, que não exijam alto custo de manutenção, que produzam um fluxo de caixa altamente positivo. Naturalmente, em seguida o cidadão pretendeu ensinar como ser *wealthy*. Mas fiquemos com a ideia: riqueza e liberdade, dinheiro e desobrigação. O sujeito tem razão no que diz. Há uma falsa ideia, amplamente disseminada em todo o planeta, de que sucesso é majoritariamente atrelado a dinheiro, felicidade à riqueza, e valor a sucesso. Reconheço facilmente um escravo moderno: alguém constantemente preocupado, refém de inúmeras obrigações, sequioso da segurança e orgulhoso do que pode comprar. Digamos que seja milionário. É milionário, mas não larga o telefone, não pode faltar ao trabalho, não pode deixá-lo e compromete-se com variadas prestações. Tem uma casa enorme, troca de carro com frequência, consome em altíssimo padrão. Seria isso sucesso ou, antes, seria isso valor? O dinheiro só é nobre enquanto meio à liberdade, e envilece quando conduz à escravidão. Aceitando-se escravo, inconsciente da própria condição, o milionário não é senão um fantoche do dinheiro, submisso a um pedaço de papel. Entretanto, aceito-me a rendição: "valor", hoje, assim como todas as demais palavras, parece escapar-me à compreensão...

Democracy, an american novel, de Henry Adams.
— Primeiro, o professor. Palavras de Otto Maria Carpeaux sobre Henry Adams:

"Enfim, Henry Adams, o último, volta para a pátria, e já não a reconhece, esse país de milionários incultos e políticos corruptos que se servem de slogans democráticos para explorar as massas amorfas. A primeira reação de Henry Adams foi o romance Democracy, publicado sob anonimato; panfleto que poderia ser igualmente interpretado como pré-marxista ou pré-fascista. Mas Henry Adams não foi e nunca será homem das decisões práticas. É observador. Escreveu a história dos Estados Unidos na época de Jefferson e Madison, para descobrir na raiz as causas dos males. É historiografia puramente política e administrativa. Assim como os seus personagens parecem menos inteligentes do que são, Henry Adams, muito bem educado, sabia dissimular na companhia dos seus pares a desilusão profunda de um poeta, preferindo parecer um pesquisador de arquivos. Ao lado da torre de Babel dos negócios de trustes e da política imperialista, Adams construiu a sua torre particular que parecia a de um parnasiano. Aconteceu que a torre de Henry Adams se levantou tão alta e até mais alta do que os arranha-céus de Nova Iorque; e do alto dela abriu-se um panorama tão vasto da história humana que o Oceano Atlântico lá embaixo desapareceu como se fosse um lago insignificante, e do outro lado apareceu a Europa que os seus antepassados puritanos tinham deixado, e no fim

do horizonte outras torres, as das catedrais góticas, monumentos de uma civilização de harmonia entre a arte e a religião, negada aos filhos da América. Em visão apocalíptica, Adams viu os arranha-céus americanos condenados a tornar-se, um dia, ruínas de uma civilização feia e falsa."[1]

Lá vão algumas linhas sobre esse tema detestável: a política. Detestável e simplíssimo: para entender de política, basta uma consulta aos moralistas franceses ou ao filósofo florentino. O sujeito que entende de natureza humana compreende facilmente a política; o sujeito versado em filosofia política, geralmente, não faz ideia do que seja a política. E Henry Adams, com efeito, entende do assunto: em *Democracy, an american novel*, penetra o psicológico de políticos democráticos, desvelando-nos o que é uma democracia. Madeleine Lee, a protagonista, decide mover-se a Washington após perder o marido. O objetivo: conhecer, a fundo, o regime democrático americano. Madeleine delibera dedicar o resto de seus dias para obter a resposta: a democracia é virtuosa, quando em comparação a outros regimes? seria a América a representação do progresso? Então conhece Silas P. Ratcliffe, senador que almeja e apresenta-se apto à presidência: em suma, um grande político. Perguntarão: "Um grande político de qual vertente ideológica?". Mas aí está o que Henry Adams nos ensina: "ideologia", em po-

---

[1]   CARPEAUX, Otto Maria. *História da literatura ocidental*. Brasília: Senado Federal, 2008. v. 3.

lítica, não é senão uma ferramenta de *marketing* e é efetiva como indutora da ação política somente enquanto aparato de manipulação das massas. O que move a política é a vaidade, o interesse, o orgulho e a ambição. Política é sobre poder, sobre exercê-lo e desejá-lo acima de todas as coisas. Não há virtude, nem vício, nem boas ou más intenções nessa ciência: existem ferramentas que contribuem para a construção de uma imagem, ferramentas que conduzem ao poder. E o grande senador Ratcliffe mostra-nos o que é um político profissional: é o modelo humano degenerado, amputado da consciência e escravo da ambição. Vive um teatro interminável, mente até ao espelho, tem a própria imagem acima da própria autonomia, existe em função de um dever de ascensão. Todas as relações pessoais de um político, até as mais íntimas, exercem um papel dentro de um projeto de poder, toda a existência é-lhe moldada em redor de um desejo insaciável, ignorado pelos mais estúpidos e perfeitamente compreendido pelos que se orgulham de ser vassalos do próprio ego. Respeitado por muitos, o político regozija-se, sente-se importante. E que faz a democracia, senão validar-lhe a conceituação que tem de si mesmo? O ocupante de um cargo democrático tem-lhe pregado ao nome o selo da aprovação popular; o juízo lhe não é demasiado absurdo quando se acha superior aos demais e à moral, *"for democracy, rightly understood, is the government of the people, by the people, for the benefit of Senators"*. Na democracia, o vício é amparado pelo regime, e o regime apresenta-se como a vontade geral. Doce ilusão de progresso... Belo engodo dizer que, na democracia, o regime é blindado contra os abusos da ambição humana, que é virtuoso porque descentralizado e melhor que os outros porque criado a conter-lhes os defeitos. *Democracy* é a imagem da desilusão de alguém que, sinceramente, desejou conhecer a fundo esse regime: *"she had got to the bottom of this business of democratic government, and found out that it was nothing more than government of any other kind"*. E terminou sequiosa das pirâmides do Egito...

Tarefa ingrata. — Ocupar-se das letras é, quase sempre, tarefa ingrata. E talvez nunca houve uma profissão tão prostituída quanto a de escritor. É verdade, sempre afigurou claríssima a distinção entre as qualidades do grande escritor e do escritor de sucesso. Mas, hoje, num mundo onde o sucesso é critério qualitativo soberano, parece, mais do que nunca, ser forçoso ao homem das letras adaptar-se à terrível realidade que o impele a ser, além de artista, vendedor — e a recusa parece ser a certeza do esquecimento. Pois bem: nunca foi tão honroso ser ignorado em vida e seguir, renitente, na contramão das convenções contemporâneas. Penúria! desprezo! E o espírito insubmisso saberá, sozinho, o que é pensar despegado de correntes.

Diplomas e literatura. — É provável que chegue o dia em que será necessário um diploma para publicar formalmente um poema. E assim a questão ficará ainda mais exposta: os diplomas conferem qualidade indispensável para a literatura? ou, antes: os diplomas conferem qualidade indispensável para qualquer coisa? Naturalmente, virá à tona a resposta óbvia: não, casas sempre foram construídas por quem nunca teve diploma. E imagino sonetos clandestinos infinitamente superiores aos portantes do selo de qualidade acadêmico, evidenciando que a academia tornou-se muito mais uma instituição burocrática, um negócio gerador de emprego e receita, um pré-requisito obrigatório para exercer qualquer função do que propriamente uma entidade que ensina o que é relevante para exercer uma atividade profissional. Em aproveitamento do tempo, é radicalmente mais proveitoso o estudo independente ante o cumprimento de burocracias acadêmicas e das muitas horas empregadas em nada quando se estuda numa universidade — basta avaliar, por exemplo, o tempo de locomoção à instituição de ensino e seu peso na equação, para não dizer da qualidade do que é ensinado ou das disciplinas absolutamente inúteis. Laboratórios, estruturas físicas dispendiosas, estas provavelmente continuarão a ser monopolizadas pelas universidades. Para as atividades do intelecto, porém, a conclusão não pode ser diferente: se um dia vierem a ser premiadas pelo mérito, o mundo será dos autodidatas, e a gigantesca e onerosa estrutura acadêmica estará, fatalmente, condenada ao colapso.

Exigência obrigatória. — O que se chama "sociedade" exige, de todos, a representação de um papel. E a liberdade inicia-se após essa recusa. Brilhantemente exposto por Jung está o choque irreconciliável entre o psicológico coletivo e o individual, que leva o ser humano a uma entre duas alternativas: ou reprimir a própria individualidade e tornar-se uma ovelha socialmente aceita, ou romper com a sociedade e sofrer na pele as consequências desta decisão. Não há como fugir, o existir da "sociedade" induz uma postura ativa, senão de anuência, de recusa. Assim divisamos qual a decisão mais fácil e infinitamente mais lucrativa. Por outro lado, resta evidente quais seres humanos são intelectualmente dignos de respeito — e quais não.

A "terapia motivacional". — Espanta verificar que, exatamente no século imediato à erupção dos gênios da psicologia moderna, faça tanto sucesso a chamada "terapia motivacional". "Superar problemas": eis a impossibilidade — quando, obviamente, consideramos traumas psicológicos reais — transformada em produto na era do *marketing*. Quando surgem os meios para um aprofundamento drástico na compreensão da psicologia do ser humano, da origem dos traumas e havendo a possibilidade de utilizar a cognição para minorar seus efeitos indesejados, reduzir-lhes os meios de ação — e jamais superá-los, eliminá-los, — o homem vira as costas ao conhecimento e opta pela senda da infantilidade, troca a prudência analítica pela psicologia feliz, a psicologia cuja prática resume-se em "pensar positivo" e agir feito uma criança diante dos traumas que avassalam, por vezes sem emitir sinal. Tudo parece evidência de que gênios, quando surgem, fazem-no em vão...

Condenada ao desaparecimento. — A poesia lírico-amorosa, senão morta, está condenada ao desaparecimento. Essa é, sem dúvida, a conclusão que berra após uma observação apurada das últimas décadas. O que ocorreu não foi uma mudança no caráter dos relacionamentos, mas um sepultamento definitivo de quanto servia de inspiração aos versos que já nem comovem. Poderia citar o pensamento corrente, a psique socialmente aceita pregadora do desapego. Mas esta é demasiado frágil, só aplicável enquanto máscara da psique individual e só relevante enquanto manifestação da hipocrisia. O que ocorre, porém, é que as pessoas tornaram-se pratos de um cardápio sempre *online* e acessível a um toque. Distância, medo da perda e, principalmente, carência de meios e opções sempre atuaram como tonificadores de um relacionamento, a despeito das aparências. O lamento, num verso, não é senão a expressão do afeto por alguém que aparenta especial e insubstituível. Hoje, tudo isso acabou. E se o século vigente julga-se evoluído, veremos como reagirá quando exposto o terrível e imenso vazio aberto pela perda em massa dos vínculos afetivos — outrora fulcros formadores de sentido, — pelo endosso de soluções falsas e pela desumanização gradual do ser humano. Imagino crianças assustadas entupindo os consultórios psicológicos...

Um forno gigantesco. — O inverno é uma criação literária... Trinta e sete graus Celsius! Dormir é uma impossibilidade, assim como pensar em serenidade, quando a matéria derrama desconforto. Dizem vários dos benefícios de baixas temperatura para as artes do espírito. E poderia ser adicionado: altas temperaturas repelem o pensamento; sendo em essência grande agitação, representam precisamente o contrário da calmaria que incentiva a mente a refletir. Acordar em fadiga, desânimo em razão da péssima noite de sono. Interromper o raciocínio a pensar no incômodo físico. Pior: perceber panos, sapatos, tudo a contribuir para uma sensação intolerável. O ambiente naturalmente abafado, a testa a escorrer. E nada vence, nada interrompe a sensação de habitar um forno gigantesco e indesligável...

O desalento de Drummond. — Drummond disse, em sua última entrevista, nenhum de seus poemas ter entrado para a história do Brasil, ficando de sua obra apenas alguns "modismos" e "frases feitas". Enganou-se, posto componha, hoje, o primeiro escalão dos poetas brasileiros de todos os tempos: é impossível uma lista dos melhores poetas ou uma antologia dos melhores poemas que não inclua o grande mineiro. Mas a afirmação, senão extrema modéstia ou percepção falha, escancara o desalento de alguém que, dedicando a vida às letras, não encontrou sequer sinais de recompensa até os seus últimos dias. Para não dizer da técnica, a obra de Drummond evidencia uma profunda compreensão da existência, problemas comuns à toda a humanidade, olhos abertos, atentos, que expressam o próprio espanto em imagens fortíssimas. Em suma: um poeta cuja obra se não resume em enquadrar clichês na técnica poética — qualidade raríssima... E, ainda assim, o insigne Drummond não enxergou retorno após décadas de trabalho, e mesmo após angariar grande reconhecimento a nível nacional. A pergunta: onde é que está o problema? Desta vez, meus dedos pouparão os olhos da querida leitora...

O espantoso silêncio em redor de Otto Maria Carpeaux. — Quando ladeados o monumento que constitui a obra de Otto Maria Carpeaux e o restante da crítica literária brasileira, é impossível não se espantar de não haver um único estudo biográfico digno do grandioso intelectual que entregou à crítica brasileira sua única obra de valor universal. Silêncio. Penso o que ocorreria caso Carpeaux, em vez de radicar-se no Brasil, optasse pelos Estados Unidos e fizesse, em inglês, o que fez em língua portuguesa. O sorriso é automático... Mas por que o Brasil? Por que, aos quarenta anos, romper com a própria língua e dedicar-se a aprender e escrever num idioma até então desconhecido? E o dificílimo, para não dizer impossível, foi erigido: a estéril crítica literária nacional ganhou um colosso imortal de presente. Que fez dele? Nada, absolutamente nada...

A contingência em Nassim Nicholas Taleb. — Nassim Nicholas Taleb, matemático bastante conhecido no Brasil, agora que marqueteiros aprenderam a usar seu nome para vender consultorias, é certamente muito mais do que um *trader*. Se grande parte dos idiotas que vendem recomendações de compra no mercado acionário tivessem realmente lido Taleb, aprenderiam o seguinte: o homem não pode prever o futuro. Taleb, cuja obra evidencia a invalidade de quase tudo quanto se produziu em finanças modernas, ensina que o cálculo de risco é problemático por procurar estabelecer um comportamento futuro baseado em comportamentos passados. E que, de praxe, sempre que tentarmos prever o futuro, estaremos reféns da incerteza. É engraçado, pois o cérebro humano parece induzido por uma tentação incontrolável de sistematizar o desconhecido; simplesmente não aceitamos a indefinição, a ausência de resposta lógica, e então nos colocamos a elaborar teorias, a arriscar explicações para os fenômenos que nos rodeiam, buscando um padrão objetivo de sequência dos eventos e considerando que padrões necessariamente se repetem, uma vez que o universo é regido por leis estáticas. Segundo Taleb, sempre que arriscamos previsões e não deixamos margens para um evento inesperado, ou que projetamos o futuro baseado no passado, estaremos *frágeis*. Matematicamente falando, isso quer dizer que não podemos considerar que algo não irá acontecer apenas porque não tenha acontecido anteriormente. Ou seja: a probabilidade estimada de nada, e absolutamente nada, pode ser zero, pois estimativas requerem uma margem de erro. Toda vez que leio Taleb fico com a sensação de que apostar no improvável pode ser mais coerente, — além de ter *payoff* mais alto, — e que a contingência, questão já abordada filosoficamente com diversos nomes — incerteza, aleatoriedade, fado, fortuna... — parece ser a verdadeira força motriz dos eventos determinantes da história. Assim, desdenho sorrindo do meteorologista e sua tara por quantificar eventos futuros, enquanto aprendo a respeitar o índio que, impassível olhando ao céu, sabe-se refém da própria sorte.

Orthodoxy, de G. K. Chesterton. — Entupo-me a misantropia de quitutes e ela, em resposta, engorda. Assim completo mais um ano sozinho, sorrindo, e desta vez com um volume de Chesterton nas mãos. Chesterton... Tivesse-o lido aos vinte, talvez o teria idolatrado... Mas assim são as coisas e bom que assim sejam! Eis que, atento às páginas de *Orthodoxy*, irrito-me. Em seguida, porém, exalto-me. E o resumo de meu juízo, após a calmaria das reflexões, é este: grande leitura! Pois é isso o que deixam as grandes leituras: fortes impressões. Então vamos, agora, esmiuçá-las, a expor o que me agitou nesta grande obra. Chesterton começa:

"The men who really believe in themselves are all in lunatic asylums. (...) If you consulted your business experience instead of your ugly individualistic philosophy, you would know that believing in himself is one of the commonest signs of a rotter. Actors who can't act believe in themselves; and debtors who won't pay. It would be much truer to say that a man will certainly fail, because he believes in

himself. Complete self-confidence is not merely a sin: complete self-confidence is a weakness."[1]

Parecem palavras retiradas dos meus pensamentos. Entretanto, faço a nota: quão distante está Chesterton dos cristãos atuais! A modernidade — cristãos inclusos — está contaminada até a unha deste sentimento estúpido denominado por Chesterton como *self-confidence*. Quando a sabedoria, queiram ou não, começa exatamente em *self-distrust*. Há, hoje, uma confiança difusa, seja no homem, seja no futuro, que nos cristãos se manifesta através da esperança indiscriminada. O cristão comum de nossos dias não hesita, nem por um único segundo, a respeito do que o futuro lhe reserva ou a respeito das próprias possibilidades. O que não é sinal senão de sua *absolute weakness*... Outro trecho virtuoso:

"*Imagination does not breed insanity. Exactly what does breed insanity is reason. Poets do not go mad; but chessplayers do. Mathematicians go mad, and cashiers; but creative artists very seldom.*"[2]

Que é que conduz à insanidade? A obsessão em encontrar todas as respostas, em possuir controle absoluto sobre o meio. Por isso um matemático, um cientista muitas vezes acaba incapaz de perceber-lhe

---

1   CHESTERTON, G. K. *Orthodoxy*. Project Gutenberg, 1994.
2   Ibidem.

a própria insignificância, a própria vulnerabilidade, a limitação de seus meios de ação e, considerando-se capaz de decifrar todas as variáveis, enlouquece, colapsa, pois as possibilidades humanas são, se muito, simplesmente limitadas. Chesterton prossegue, em franco ataque ao positivismo moderno:

"In so far as religion is gone, reason is going. For they are both of the same primary authoritative kind. They are both methods of proof which cannot themselves be proved. And in the act of destroying the idea of Divine authority we have largely destroyed the idea of that human authority by which we do a long-division sum."[1]

Agrada-me essa franqueza. Chesterton ainda ressalta, em sua famigerada sentença: o problema na negação de Deus é o que se coloca em seu lugar. Fatalmente, crer nas possibilidades humanas é de uma infantilidade sem-par. Pois bem. Eis que Chesterton começa a irritar-me. Já me indisponho com meia palavra de demagogia, meio verbo de incentivo à ação política... E se cultivo a resignação e o silêncio, então Chesterton pinta-me, subitamente, como o mais desprezível dos seres. E vejo em *Orthodoxy* o que a mim, sem dúvida, é a face mais detestável dos cristãos: o maniqueísmo. Assim como sempre me causa fastio escutar de alguém o porquê de sua ideia ser a mais sensata do universo, passo a enfas-

---

1 Cf. nota 1 da página anterior.

tiar-me da arrogância das palavras de Chesterton. Ele começa atacando os estoicos:

"Marcus Aurelius is the most intolerable of human types. He is an unselfish egoist. An unselfish egoist is a man who has pride without the excuse of passion."[1]

Se não são como nós, pois como são odientos! E Chesterton, guiado pelas próprias convicções, classifica como os mais detestáveis aqueles que se negam a agir, a lutar, a participar ativamente da sociedade. O que Chesterton faz, sem rodeios, é classificar a mim mesmo como um sujeito intolerável — justo no meu aniversário?... — E percebo que é impossível a nossa compatibilidade: Chesterton quer me convencer de sua razão e impelir-me à ação; eu não tenho o menor interesse em convencê-lo de nada e só quero um pouco de paz, distância e silêncio. Chego a fantasiar, por um momento, o seguinte subtítulo para a obra: *"Why me and everyone who is like me are the best human beings on the face of the earth and why everyone else who is not like me and does not think like me are intolerable and inferior"*. E ouço a irônica e insuportável réplica: *"Exactly. Do you have a better way to defend your beliefs?"*. Chesterton prossegue:

"On the other side our idealist pessimists were represented by the old remnant of the Stoics. Mar-

---
1   Cf. nota 1 da página 120.

cus Aurelius and his friends had really given up the idea of any god in the universe and looked only to the god within. They had no hope of any virtue in nature, and hardly any hope of any virtue in society. They had not enough interest in the outer world really to wreck or revolutionise it. They did not love the city enough to set fire to it. Thus the ancient world was exactly in our own desolate dilemma. The only people who really enjoyed this world were busy breaking it up; and the virtuous people did not care enough about them to knock them down. In this dilemma (the same as ours) Christianity suddenly stepped in and offered a singular answer, which the world eventually accepted as THE answer. It was the answer then, and I think it is the answer now."[1]

Ignoremos o justo mérito concedido ao surgimento do cristianismo. A partir deste ponto no livro, Chesterton passa a incentivar a ação, justificando, inclusive, a "violência" cristã. E o faz exaltando a plebe, em atitude que, novamente, traça uma clara linha entre nós. Simplesmente não suporto a convivência com alguém que me exige concordância integral. Novas pedras atiradas contra mim:

"By insisting specially on the immanence of God we get introspection, self-isolation, quietism, social indifference — Tibet. By insisting specially on the transcendence of God we get wonder, curiosity,

---

1   Cf. nota 1 da página 120.

moral and political adventure, righteous indignation — Christendom. Insisting that God is inside man, man is always inside himself. By insisting that God transcends man, man has transcended himself."[1]

Moral and political adventure, righteous indignation... Quantos cadáveres seriam poupados sem semelhantes exaltações... Mas não prossigo: abstenho-me de convencer Chesterton. Sinto-me absolutamente desmotivado após vê-lo traçar o povo como a representação da prudência e da sabedoria. A mim, o menor populismo já é repugnante. Exaltar a virtude popular é comprar a aprovação às custas da independência. Mas não taxo Chesterton de falso ou ardiloso; seria extremamente injusto. Entretanto, neste ponto, vejo mais prudência em Zaratustra (na tradução de Mário Ferreira dos Santos):

"É no deserto que sempre viveram os verídicos, os espíritos livres, senhores do deserto; mas nas cidades, habitam os sábios bem nutridos e célebres – os animais de trato.

Pois são eles que puxam sempre, como os asnos, as carretas do povo."[2]

---
1 Cf. nota 1 da página 120.
2 NIETZSCHE, Friedrich. *Assim falava Zaratustra: um livro para todos e para ninguém.* Tradução de Mário Ferreira dos Santos. Petrópolis: Vozes, 2011.

Oportuno tocar em Nietzsche. Chesterton faz o seguinte juízo do poeta:

"Nietzsche is truly a very timid thinker. He does not really know in the least what sort of man he wants evolution to produce. And if he does not know, certainly the ordinary evolutionists, who talk about things being "higher", do not know either."[1]

Minha observação: Nietzsche sabia exatamente qual tipo de homem desejava que fosse produzido; e esse homem é, em inúmeros aspectos, imensamente superior ao que seria o exemplo de *wise man* para Chesterton. Entretanto, é verdade, o homem de Nietzsche jamais será produzido em massa, pois esse homem é justamente o inverso do homem de rebanho. Mas basta de objeções e debate! Carecemos de um ponto final. Assim, entremos com as conclusões. Rege-me um princípio simplíssimo toda vez que efetuo um julgamento consciente de valor: considero o valor de algo como o saldo quando lhe contrapostas as faces positivas e negativas, exatamente como numa balança. Busco, sempre que possível, valorizar o lado positivo, pois a balança, mesmo que penda ao lado não desejado, normalmente me oferece algo que me exija o reconhecimento. Assim, não hesito quanto a Chesterton: a exímia escrita, o humor de qualidade e a lucidez diante das grandes questões cristãs me não permitem ser injusto. Falo de alguém franco e imenso. Chesterton, porém, jul-

---

[1] Cf. nota 1 da página 120.

ga-me intolerável. Mas não sou como Chesterton: a ele guardarei espaço honroso entre os autores de minha predileção.

Nobilíssimo papel. — As letras cumprem historicamente o papel de impedir que a vida seja completamente varrida da terra quando a matéria é alcançada pela morte. Obras, registros: por eles algo, e talvez o mais importante, é preservado do ser castigado pelo destino. Penso neste século XXI. Houve, entre muitas outras coisas, um alargamento enorme nas opções de meios para a transmissão de conhecimento e para o registro da existência. A facilidade de acesso e operação destes meios alcançou níveis inimagináveis e, certamente, solucionou problemas. Entretanto, é tarefa que aparenta quase impossível pinçar o que há de valor em meio a toneladas de lixo produzidas e publicadas diariamente. Como filtrar? como identificar e estabelecer um juízo razoável sobre o que vencerá as barreiras do tempo? Parece-me inviável e parece-me, sobretudo, que um número inédito de obras valorosas ficará perdido para sempre.

"Estudo". — O vocábulo "estudo", na acepção comum, diz respeito a adquirir capacitação para o desempenho de uma função profissional. O "estudo", se tomado como a busca pela resposta a questões de natureza pessoal, existencial ou como a mera investigação da existência, já não é "estudo", e sim passatempo. Quer dizer: se não destinado a uma finalidade prática, o esforço é menos nobre, dispensável. Isso, claro, é o que pensa o pragmatismo destes dias, o pragmatismo que dimensiona a própria sagacidade já velho, agonizando num leito de hospital.

O honrado juiz. — Sorrio imaginando o juiz E. T. A. Hoffmann: juiz, nas palavras de Carpeaux, "dos mais honrados e — em tempos difíceis de reação política — dos mais independentes que houve jamais na Prússia". Sorrio imaginando esse juiz em nosso estimável século. Quero dizer: o juiz, que também era habilíssimo narrador, seria facilmente destruído pelas hordas imbecis e invejosas que, nestes tempos, divertem-se arrasando vidas e carreiras. Engraçadíssimo seria, por exemplo, o enredo de *Die Elixiere des Tenfels*, romance primorosamente arquitetado, adaptado aos nossos dias: um pastor evangélico possuído pelo diabo é conduzido ao assassinato e ao incesto, logrando não só camuflar os próprios crimes, como galgar posições na pirâmide social. Pergunto: é ou não é divertido imaginar o que aconteceria com a reputação desse juiz caso tivesse-lhe o romance divulgado? Teria ele condições de, por exemplo, ser nomeado à Suprema Corte? O honrado juiz, neste século, aprenderia o que é ser democraticamente linchado.

O colapso da democracia. — Divirto-me, por alguns minutos, imaginando hipóteses para o colapso natural da democracia. O colapso é natural porque a democracia é naturalmente falha e incompetente. Vamos ver: a primeira hipótese seria algum tipo de revolução. Difícil... Revoluções fazem barulho, o povo é o senhor do barulho, e dificilmente o povo apoiaria uma revolução para a abdicação do próprio poder. O povo jamais diria: "Realmente, sou um imbecil, e o mundo seria melhor se eu deixasse de me meter em questões que não tenho a menor capacidade de avaliar". Por isso, ainda que regiões democráticas se vissem na miséria, dificilmente uma solução não democrática seria aprovada pela "vontade soberana". Segunda hipótese: a subjugação pela força. Países não democráticos submeteriam os menos desenvolvidos e passariam a controlá-los politicamente. Muito, muito difícil se feito a descoberto: culminaria em guerra, mortes, revolta, etc. etc. Uma guerra parece-me, sobretudo, pouco inteligente. Há uma terceira hipótese, ainda considerando a subjugação pela força, porém de forma velada. Quer dizer: pela força econômica, os mais desenvolvidos e não democráticos solapariam a soberania dos atrasados. Parece-me perfeitamente possível, posto os infinitos e hipotéticos meios de execução. Tapear o povo seria tarefa facílima na era do *marketing*. Difícil, talvez, seria subjugar o ego dos representantes da vontade suprema. Mas para isso há capital, há tecnologia da informação, há engenharia de intimidação. Engraçado: ainda que dispensemos entrar em teorias da conspiração, a conjeturar conluios entre a elite global, resta evidentíssimo um balão inflando, inflando, inflando, e é inevitável não divertir-se imaginando-o a estourar.

A ARTE

Ocupação inglória. — Dedicar-se a uma ocupação inglória, trabalhar com afã sobre-humano, conviver diariamente com a incompreensão; fugir do convívio, combater a ignorância, digladiar-se por meios de expressão; se preciso, enfrentar a penúria; olhar diretamente na dor; caminhar entre sombras, no silêncio, afastando-se em serena resolução; notar-se-lhe o ambíguo, o contraste, indeciso em que acreditar; não esperar nada, nunca!, jamais lhe abandonando o dever; sentir-se impotente, falho, arrependido de descuidos precedentes, envergonhado da mais recente produção; envelhecer combalido, frustrado, sem jamais perder no trabalho o amor. Morrer, finalmente, desconfiado do próprio valor...

O verdadeiro artista. — Semanas, talvez anos de meditação, trabalho árduo, recolhimento e esforço psicológico intenso para dar à luz uma obra que não fará muito mais do que lhe expor toda a fragilidade e imperfeição: eis a realidade do verdadeiro artista. Lidar com o retorno financeiro mínimo e quase sempre lhe julgar os esforços não recompensados. Ademais ver as críticas, em sucesso ou fracasso, marcando-lhe a presença obrigatória. Como explicar? Quem trabalharia diante de tal sorte? Publicar uma obra é não menos que a exposição total. E se assim concluímos, será forçoso adicionar que o verdadeiro artista, o que se esforça por gravar-lhe as impressões e sentimentos em obra artística, seja ela qual for, podem faltar-lhe as demais qualidades, mas não esta: a coragem.

O espelho, de Andrei Tarkovski. — Revejo *O espelho*, de Andrei Tarkovski, e impressiono-me como nunca o tivesse visto. O filme trata-se de uma reprodução de memórias do autor, organizadas de forma não cronológica e não linear. A sensação de quem assiste é ambígua: por um lado, percebe-se que há algo fundamental ainda a revelar-se; por outro, o filme causa algo próximo a um êxtase visual e sonoro, fazendo com que cenas aparentemente fúteis e desconexas tomem uma dimensão monumental. Não me surpreende o mistério — que aliás é um elemento que se tornou clichê em produções cinematográficas, — mas sim a pungência do filme. Tarkovski consegue emocionar o espectador cena a cena, mesmo a trama não dispondo de linearidade nem cronologia definida, e mesmo que o espectador não esteja entendendo absolutamente nada. O que me leva às seguintes reflexões: (1) a imaginação dificilmente atinge o resultado de produções baseadas na experiência, e (2) talvez os russos estejam mesmo um passo à frente do resto do mundo quando o assunto é arte.

O lobo da estepe, de Hermann Hesse. — Fechei essa obra genial desgostoso do desfecho da trama. Pensei: "Como será que esse livro repercutirá em mim no futuro?". Refleti sobre a leitura: desde o início, encantei-me com a acuidade e precisão das descrições psicológicas do misantropo, autodestrutivo e depressivo Harry Haller, que a mim parecia-me um irmão. A narrativa desenvolve-se instigante, vendo Harry brotar, através de uma mulher — Hermínia, — seu lado humano, em seguida enfrentando uma acirrada batalha psicológica em vista de sua personalidade ambivalente. A tensão psicológica é constante, e as reflexões de Harry são dignas de nota. Vem o cume do livro, onde Harry parece em delírio. Senti-me, pouco antes, diante da presença física de Goethe e Mozart, evocados pelo autor. Não me emociono nem um pouco com o que se poderia chamar de clímax do enredo — ou, se quiserem, com o que imediatamente sucede o clímax. — Algumas páginas adiante, fecho o livro: "E então? De que me lembrarei no futuro?". Passaram-se dois meses: já mal me lembro do desfecho; o restante do livro, contudo, resta vivo em mim.

The Sopranos, de David Chase. — Perdi, já há algum tempo, o hábito das séries. Mas sei que se por algum motivo bater-me a nostalgia das horas despendidas frente à tela, mesmo submerso em um mar de opções recentes e aclamadas, optarei por rever — outra vez... — *The Sopranos*, de David Chase. E por quê? Porque essa série, dentre todas, exibe as construções psicológicas mais complexas e instigantes que já tive a oportunidade de assistir. Personagens inteligentes, ambíguos, agitados por pujantes conflitos internos e representados em atuações fantásticas. Nada mais cabe a mim esperar de uma série...

Quincas Borba, de Machado de Assis. — A mim, Rubião é o maior personagem de Machado de Assis. Já li diversos críticos a ressaltar a impotência dos personagens de Machado, a inabilidade para com a vida, a inaptidão, a apatia. Muito bem! E ademais não sofremos a dizer que em Rubião a figura humana se apresenta em amplitude, em precisão. Lendo *Quincas Borba*, vemos a filosofia sepultada pela paixão, a inteligência transfigurada pelo amor e, acima de tudo, Rubião a percorrer o íngreme declive pelo qual todo homem tem de enveredar. Finda o livro, cômico e melancólico, ridículo e triste, ambíguo como a vida sempre é. E se acaso deixa em nós alguma dúvida quanto a que sentir, o mestre trata de nos aconselhar:

"Eia! chora os dous recente mortos, se tens lágrimas. Se só tens riso, ri-te! É a mesma cousa. O

Cruzeiro, que a linda Sofia não quis fitar, como lhe pedia Rubião, está assaz alto para não discernir os risos e as lágrimas dos homens."[1]

Um grande intelectual. — Li, em sequência, *Dificuldades da língua portuguesa* e *Versificação portuguesa*, de Manuel Said Ali, filólogo e sintaticista brasileiro. Qual não foi minha surpresa! Busquei Said Ali em indicação de Manuel Bandeira, e vi em ambas as obras uma visão ímpar sobre nossa língua. Na primeira, Said Ali ilumina questões escabrosas do idioma, como o infinitivo pessoal, o espantoso pronome "se" e os particípios duplos, exibindo ostensivo domínio e noção viva da formação e evolução do português. Na segunda, bom, peguemos emprestadas as palavras de Manuel Bandeira que prefaciam o livro:

"O compêndio Versificação portuguesa, ora editado pelo Instituto do Livro, parece-me, não obstante sua brevidade e concisão, o mais inteligente e incisivo que sobre a matéria já se escreveu no Brasil, senão também em Portugal. O eminente Prof. Said Ali, de quem tive a honra de ser aluno de alemão no colégio Pedro II, (...) a quem devemos tantas contribuições magistrais ao estudo de nosso idioma, não é um poeta. Mas o seu íntimo conhecimento da poesia latina e da poesia das grandes literaturas ocidentais dá-lhe competência para versar o assun-

---

1 ASSIS, Machado de. *Obra completa*. Rio de Janeiro: Nova Aguilar, 1994. v. 1.

to com uma autoridade que não terá talvez nenhum poeta da língua portuguesa."[1]

Findas as leituras, não poderia estar mais agradecido. Manuel Said Ali, após extensos estudos, logrou resumir com clareza e precisão inúmeras questões dúbias de nosso idioma e iluminar outras tantas com análises excepcionais. Registro, pois, meu respeito pela obra do professor.

O artista e a coerência. — Direi aqui o que para mim é uma obviedade: um artista não tem de prestar contas à coerência. Caso ache necessário, dispõe de liberdade para atirá-la ao espaço. E por que digo isso? Porque me causa fastio ver críticos a dizer de tal ou qual autor "incoerente". Para mim é muito claro: quando um filósofo ou ensaísta senta-se e põe-se a escrever o objetivo é um só: a lógica; o autor irá organizar seus pensamentos para expor seu raciocínio da forma mais límpida e precisa que conseguir. O artista, não. Quando um artista senta-se à mesa o objetivo é outro: é expressar-lhe o sentimento com a maior potência possível, ou causar a mais forte impressão no leitor. Coisas diferentes. Por isso é impossível a comparação entre um Aristóteles e um Fernando Pessoa. Um faz uma coisa, outro faz outra. E o artista que sacrifica a expressão pela coerência simplesmente lhe diminui a arte: de-

---

[1] ALI, Manuel Said. *Versificação portuguesa*. São Paulo: Editora da Universidade de São Paulo, 1999.

fender ideias lhe não diz respeito ao trabalho. Nos versos de um gigante:

"*Do I contradict myself?*
Very well then I contradict myself;
(I am large, I contain multitudes.)"[1]

Leituras para adolescentes? — Já se tornou corriqueiro dizer que Nietzsche e Cioran não são autores para adultos bem formados, que toda a filosofia de ambos não causam fortes impressões senão em adolescentes. Pois bem. Digo de minha parte: leio Nietzsche e Cioran, sobretudo, pelo prazer estético. Considero ambos, antes de filósofos, exímios artistas; vejo neles uma potência de expressão que não encontro em outras bandas; e a validade ou não de suas filosofias, para mim, é questão meramente secundária. Se fosse analisar somente pela lógica, diria da filosofia de Nietzsche, se tomada em conjunto, absurda; da de Cioran diria que não nos conduz senão à apatia. Mas, para mim, nada disso constitui demérito. Quem busca na filosofia um manual infalível para pautar o próprio pensamento e as próprias ações faz melhor lendo autoajuda. Não me sinto obrigado a encaixotar Nietzsche e Cioran no grupo dos "não concordo", não me sinto incomodado diante de suas ambiguidades ou delírios; pelo contrário, tenho-os como mestres do estilo. Como disse, leio ambos pelo prazer estético, para encon-

---

1 WHITMAN, Walt. *Leaves of grass*. Seattle: Amazon-Classics, 2017.

trar beleza e acuidade nas expressões e para vê-los fazer suscitar em mim o desconforto. E não deixo de notar a pobreza nas palavras dos que lhes taxam as obras como "filosofia para adolescentes". Nada mais raso que resumir tudo a "certo" ou "errado", isso só demonstra estreiteza de visão e incapacidade para lidar com o ambíguo. Terminar uma obra repleta de nuances, impecavelmente escrita e dizer tão somente "não concordo" parece-me a mais adolescente das generalizações.

Pais e filhos, de Ivan Turguêniev. — Diz-se de Bazárov o primeiro personagem niilista da história. A importância desta obra, portanto, é imensa. Bazárov inaugura na literatura a postura de negação a qualquer tipo de autoridade ou princípio moral. Intelectual materialista, diz não acreditar em nada senão concordando com o que pode cientificamente ser comprovado através da experiência. A religião, a tradição, a arte... nada disso tem valor: as gerações passadas são "cartas fora do baralho" e "um bom químico é vinte vezes mais útil que qualquer poeta". O psicológico de Bazárov é interessante: apesar de negar tudo, de não se curvar a nada, de saber da própria inutilidade e da insignificância do próprio esforço perante o universo e a eternidade, trabalha com afinco, desenvolve com diligência suas pesquisas científicas. Parece, ao longo da obra, absorto, envolvido em algo de grande importância, o que lhe justifica a frieza para com os que o rodeiam. Ao conversar com os mais velhos, despreza-os; não os considera capazes de ensinar nada de útil. Em contrapartida parece, em seu racionalismo, buscar incessantemente o conhecimento. Bazárov, a despeito de sua frieza e de sua inclinação ao retiro, ao trabalho, trava variadas relações ao longo da obra. E Turguêniev consegue, com maestria, projetar-lhe a influência do niilismo em seu meio: inteligente, é respeitado por todos, entretanto direciona aos mais próximos indiferença absoluta, cruel, fazendo-nos questionar sobre sua humanidade. Súbito, Bazárov se apaixona. Vendo-se apaixonado, sente uma profunda vergonha de si mesmo: o amor romântico é absurdo, uma estupidez imperdoável! Então Bazárov afasta-se a ver se lhe subjuga a debilidade. O amor como fraqueza? Essa ideia é-nos assaz familiar... Se não negamos a própria ciência, como Bazárov, é certo que nosso individualismo afasta-nos das relações, teme-as e faz de tudo para evitá-las; importantes mesmo, somos nós, e nosso amor-próprio exige-nos seguidas manifestações de afeto. E que faz Turguêniev do romance? Bazárov isola-se, centra-se em seu trabalho; progride, mas sua postura aflige a todos que lhe estão em redor. Desgraçadamente, apanha tifo ao cortar-se com a bisturi fazendo a autópsia de um homem tombado pela doença. Cai de cama, envolve os mais próximos em forte comoção. Nega, porém, a confissão, suplicada pelo pai torturado ao assistir o martírio do filho. Bazárov morre negando aos outros a própria importância.

Introdução à estilística, de Nilce Sant'Anna Martins. — Li, recentemente, *Introdução à estilísitca*, de

Nilce Sant'Anna Martins, e impressionei-me com sua qualidade. A obra, destinada "especialmente a estudantes de faculdades de letras e a professores de português", também é "de grande qualidade a todos que se interessam pelo estudo da nossa língua". Bem escrita, bem organizada, com documentação extensa e de qualidade, dispondo de ótimos exemplos de variados autores, *Introdução à estilística* aborda os numerosos recursos estilísticos que a língua portuguesa nos oferece. A professora Nilce, que lecionou na Universidade de São Paulo (USP) por quase vinte anos — e, fatalmente, veio a falecer em 2017 aos 93 anos de idade, — demonstra argúcia e sutileza no trato com a língua; analisando períodos complexos, seja em verso ou em prosa, esmiúça com habilidade as intenções, os efeitos projetados pelo artista mediante as palavras. E, certamente, concretizou através de sua obra uma contribuição de grande valor ao estudo da língua portuguesa. Deixo aqui meu sincero reconhecimento ao trabalho da professora que, demais, aparenta ter sido muitíssimo querida por seus alunos.

Contradizer-se voluntariamente. — O grande artista tem, por obrigação, de contradizer-se. Pois a contradição — abominável palavra quando aplicada à arte... — não quer dizer senão que o artista deu vazão a manifestações opostas de sua personalidade. Se não se permite ambíguo, se não reconhece em si a dualidade, se não é capaz de elevar ao cume sentimentos opostos que obrigatoriamente hão de se manifestar em seu âmago, então é artista menor, amputado, ou desprovido de amplitude de alma ou simplesmente impotente, claudicante da expressão.

A construção, de Franz Kafka. — Talvez seja *A construção* a obra mais forte de Kafka. Neste conto, conciso e potente, Kafka explora verticalmente o desespero, em técnica semelhante à utilizada em *O processo*, porém atingindo o cume em pouquíssimas páginas. Dá-se o seguinte: um rato constrói, em trabalho de uma vida, a própria moradia (a construção). Precavido, cauteloso, elabora diligentemente uma estrutura que o proteja de invasores. Pensa em todas as possibilidades, defende-se de todas elas, estruturando assim um plano construtivo extremamente complexo. O local é a primeira das precauções: visando a tranquilidade, seleciona um lugar calmo, afastado do movimento. Mas pode algum lugar ser afastado o suficiente para que ninguém jamais o encontre? Difícil... de qualquer forma, não há essa certeza. Então se faz necessária uma camuflagem na entrada da construção; assim, mesmo que possíveis invasores se aproximassem, não perceberiam a porta da morada. Mas e se percebessem? E se, por uma única vez, um invasor a notasse e adentrasse a construção? É um risco imenso, que comprometeria tudo. Um único invasor tem poder para destruir o trabalho de uma vida! Assim, é necessário um mecanismo de defesa após a entrada... Raciocinando dessa maneira, imaginando situações sempre possíveis, temendo o risco e desejoso de eliminar em totalidade a possibilidade de invasão, o rato constrói um labirinto gigantesco, dividido em seções, repleto de corredores e encruzilhadas, beirando o impenetrável. Entretanto, a tranquilidade não vem. Obsessivo, o rato passa a imaginar situações cada vez mais improváveis. Põe-se de fora da construção, passa a monitorá-la e a fazer anotações. Imagina que, quando a buscar alimento, pode ser visto: elabora um plano de saída e entrada na morada. Quando, exausto e ainda indeciso, decide dar-se um descanso. Adentra a construção e cochila. Ao acordar, porém, passa a ouvir um ruído. Pequeno, sim; mas é necessário saber de onde vem. Seria uma ameaça? É preciso averiguar. Mas nosso rato construiu em torno de si um labirinto interminável, gigantesco, e o trabalho de inspeção levaria dias, talvez semanas! Por enquanto, somente a incerteza: pode não ser nada, mas pode ser o fim. O rato desespera-se, já não é possível a tranquilidade; o ruído continua, já não é possível saber de onde ele vem. Assim Kafka, com maestria incomum, apresenta-nos um personagem que, para defender-se uma ameaça incerta, em razão de um temor constante e insuperável, dedica a vida para construir um mecanismo de defesa, dedica a vida em busca da paz. Encontra, porém, o terror, a descrença: em seu mundo, a paz é impossível, a ameaça é um ruído constante e seu edifício estará sempre prestes a desabar.

Literatura e solidão. — A solidão absoluta, quero dizer: saber-se o único e último dos homens, seria insuportável. Somente essa, e somente nessa hipótese. Não é o caso, quanto mais considerarmos a literatura. Um único livro é fonte de companhia eterna, uma vez que a literatura estabelece um diálogo real e profícuo entre leitor e autor. Escrever para dialogar com leitores? Para ser lido no futuro? Motivações desnecessárias... Escrever é dar a sequência natural ao diálogo iniciado na leitura. Diálogo que, por si só, não permite jamais nos classifiquemos como "sós".

Por que Machado de Assis não é primeiro escalão a nível mundial? — Tema espinhoso... Mas não há que temer. Busco há anos a resposta: por que um inglês pode prescindir de Machado, mas um brasileiro não pode prescindir de Shakespeare? Estou dizendo de um dos meus mestres, de um dos autores que mais nutro afeição... E, refletindo, ensaio o seguinte: a grandeza de um autor pode ser sintetizada, em última instância, na soma entre estilo e temática da obra. Machado é nota máxima em estilo, restando-nos portanto a temática. Deixaria a desejar a temática da obra de Machado? Não creio... ainda que comparando com os maiores: há em Machado amplitude, há em Machado o conflito. Então percebo que falta algo à minha própria proposição. Que teria Tolstói que não tem Machado? Que teria Dostoiévski ou Shakespeare? Estilo, novamente, não poderia ser: Machado é mestre no mais alto grau. Mas fatalmente nosso artista não partilha do *hall* dos maiores autores de todos os tempos a nível mundial. Por quê? Arrisco outra opção que me parece razoável: falta vigor, dinamismo às personagens de Machado. Mas seria isso um demérito?

Uma grande literatura exige uma personagem ativa ou um grande autor? Continuo sem resposta... Vem-me outra proposição: se as traduções, admita-se ou não, arranham o estilo da obra, que sobra dela? O arco de ação. Mas por que, exatamente, a grande obra deve ter um arco de ação bem definido? — aqui, sinto que avançamos... — As obras de Tolstói, Shakespeare ou Dostoiévski podem ser resumidas num diagrama, simplificadas como em atos de uma peça de teatro; já em Machado, nem todas são assim... Mas pergunto: seria esse um critério qualitativo? A que presta um arco de ação bem definido? À boa compreensão do leitor. E tem a obra artística de prestar esse serviço? Não sei, não sei... Pensei aqui concluir que o texto deve purificar o leitor, que a obra deve prendê-lo, que as histórias devem instruí-lo, que as temáticas devem ser abrangentes e que as personagens devem marcar. Mas tudo isso encontro em Machado e digo mais: bem passaria meus dias em contato exclusivo com sua obra. Portanto bem vejo: sou incapaz de considerá-lo em nível inferior. A mim, que o problema esteja nos leitores, nos críticos, nos tradutores... mas de minha boca não sairá que Machado está abaixo de ninguém!...

A suavidade da língua portuguesa. — O francês, cujos artistas trataram-no com delicadeza ímpar, possui particularidades sonoras interessantes, uma melodia única, porém minada por um "r" bárbaro que, a despeito do que dizem os franceses, estraga a fluidez melódica da língua. Os poetas gálicos, estes dignos de todo o mérito, souberam contornar magnificamente essa limitação. Além disso, *la langue maternelle du bon sens et de l'intelligibilité universelle* possui uma evidente escassez de palavras graves, o que faz com que grande parte de seus vocábulos terminem em som de "e" ou "o" tônico, empobrecendo a música da língua. Entretanto, estamos aqui falando de um idioma esteticamente muito belo, com rica sintaxe e extremamente desenvolvido. O espanhol, com seu "r" irritadíssimo fazendo tremer todas as frases, vê-se em dificuldade para eliminar a tensão inerente da língua quando há desejo de produzir versos brandos. É língua aberta por ter proeminência em "a", e aguerrida: língua para fazer versos de guerras e batalhas — e para encrespar com o vizinho. O italiano, sonora e esteticamente belíssimo, dispõe de matizes variados. É uma língua equilibrada e melódica, mas há o mesmo "r" vibrante espanhol, ainda que em doses significativamente menores. Por que destas observações? Para abordar algo estritamente português, que diferencia nossa língua de todas as outras românicas: a suavidade — e aproveito para dizer que não sei uma única palavra de romeno, ficando essa língua de fora da análise. A língua portuguesa é naturalmente melódica e harmônica, muito em razão de nosso "s" dos plurais, que em espanhol é insuficiente para conter a tremedeira provocada pelos "r", é inexistente em italiano e ocultado na pronúncia francesa. Em português, porém, posto sua pronúncia tímida, faz com que as frases calhem suaves, tranquilas, produzindo uma harmonia serena. Além disso, nosso "r", quase sempre discreto, não faz vibrar como no espanhol e nem ranger como no francês (basta comparar rua com *rue*, trabalho com *travail* ou jarro com *jarra* para notar a diferença de agressividade dos "r"). Assim, temos uma língua que, se possui preponderância em "a" e abundância em "s" como no espanhol, produz efeito contrário, evidenciando-lhes a oposição de caráter: o português, dentre as românicas, é a língua de índole serena. É claro, é claro... a língua não é senão uma ferramenta de expressão. É possível alcançar efeitos semelhantes em todas as línguas. Mas vejo, por exemplo, a suavidade portuguesa como um atributo especial, que permite aos poetas uma harmonia inata e um efeito naturalmente mais forte quando lançando mão de palavras como "trovão", "ribomba", "estronda", "estala", "irrompe", etc. (em que há consoantes oclusivas e constritivas vibrantes, em geral). Percebo, também, uma riqueza fônica que se destaca em relação a, por exemplo, o francês, visto a melhor distribuição dos fonemas e maior variedade de vogais. Isso sem falar na flexibilidade sintática... Mas deixo claro: não estou aqui a declarar a superioridade de uma língua em relação à outra: isso seria uma absoluta estupidez. Enfatizo, ainda, que minhas impressões partem do ponto de vista de um nativo de língua portuguesa; resta óbvio que um russo provavelmente lhas não compartilharia. Contudo, posso dizer-me satisfeito com a ferramenta de trabalho que disponho (ainda que empobrecida esteticamente após desastradas reformas ortográficas...). Para fechar o tema, vamos de um exemplo da boa aplicação dos recursos da língua portuguesa, em especial do uso do "r" com finalidade dramática, um dos objetos destas reflexões. O mestre é Bocage, e o trecho retirado de sua tragédia *Vasco da Gama ou o descobrimento das Índias pelos portugueses*. O efeito alcançado dispensa qualquer comentário adicional:

> *"Com sacras illusões me hallucinastes,*
> *E, a minha alma cingindo a lei nefanda,*
> *Fizestes (ai de mim!) que preferisse*
> *Ás luzes da verdade as sombras do erro:*
> *Oppressores crueis, baldadas foram*
> *A vossa tyrannia, as artes vossas:*
> *Seus direitos um Deus em mim recobra;*
> *Por veredas, que a mente humana ignora,*
> *Aos meus, e a si me reconduz o Eterno.*
> *Mas em que agitações; em que terrores*
> *Meu animo fluctua? Ah! Que terrivel*
> *Sombrio agouro o coração me enluta!*
> *Que scenas de traição, de horror, de morte*
> *No triste pensamento me negrejam!"*[1]

A literatura enquanto alicerce da personalidade. — É ostensiva a distinção de alguém dotado de cultura literária. Para além de todos os prazeres e de toda a elevação intelectual proveniente da leitura, pode-se dizer isto: a literatura forma, desenvolve, estrutura personalidades. A literatura é capaz de

---

1   BOCAGE, Manuel Maria Barbosa du. *Obras poéticas*. Lisboa: Parceria Antonio Maria Pereira. v. 2.

alargar o conhecimento do leitor, provendo-lhe de experiências que jamais teria em vida. Ensina-o a lidar com as mais variadas situações, fá-lo sentir as emoções mais díspares e extremas, atira-o sob diferentes peles, diferentes gênios, educando-o para a vida. Assim, o bom leitor vê-se preparado para todo tipo de situação, pois seu conhecimento reúne um inestimável arsenal de exemplos. Vê-se imune a inúmeras fraquezas, inúmeros erros cometidos por personagens que lhe entregaram uma lição. Além disso, o bom leitor compreende infinitamente melhor as outras pessoas, o mundo em redor: a vivência das personagens passa a ser, também, parte de sua. Grita aos olhos que a literatura, numa personalidade, abranda, fortalece, desilude, engrandece — deixando, desta maneira, marcas indeléveis no temperamento e no caráter do leitor.

Simplicidade e ação. — Guy de Maupassant, esse grande escritor francês, discorre-lhe sobre as concepções artísticas no ensaio *Le roman*, disponível como prefácio de seu *Pierre et Jean*. O ensaio é interessantíssimo: Maupassant esboça sua visão sobre os variados movimentos literários do século XIX, diz um pouco de suas influências e aborda algumas particularidades do processo de criação literária. Vejamos dois pontos interessantes do ensaio. Dizendo sobre o que julga ser o papel de um artista, diz Maupassant:

"*Pour nous émouvoir, comme il l'a été lui-même par le spectacle de la vie, il doit la reproduire de-*

vant nos yeux avec une scrupuleuse ressemblance. Il devra donc composer son oeuvre d'une manière si adroite, si dissimulée, et d'apparence si simple, qu'il soit impossible d'en apercevoir et d'en indiquer le plan, de découvrir ses intentions."[1]

Isso carrega um tanto de Flaubert, aliás, a quem Maupassant considerava seu mestre. Precisão, eis o resumo. Sem floreamentos, sem rodeios ou excessos: deve o artista pintar a vida exatamente como ela é. Esse princípio percorre todo o ensaio e influi sobre diferentes aspectos do processo criativo. Em determinado momento, Maupassant diz sobre explicações excessivas, sobre ter o artista de ficar justificando a ação de suas personagens, como que pintando seu perfil psicológico a fundamentar-lhe as ações. Diz o autor:

"Donc, au lieu d'expliquer longuement l'état d'esprit d'un personnage, les écrivains objectifs cherchent l'action ou le geste que cet état d'âme doit faire accomplir fatalement à cet homme dans une situation déterminée. Et ils le font se conduire de telle manière, d'un bout à l'autre du volume, que tous ses actes, tous ses mouvements, soient le reflet de sa nature intime, de toutes ses pensées, de toutes ses volontés ou de toutes ses hésitations."[2]

---

1   MAUPASSANT, Guy de. *Pierre et Jean*. Project Gutenberg, 2004.
2   Ibidem.

Notas

Deixar que falem os atos; ação... Muito me agrada o estilo de Maupassant, assim como o de Stendhal, outro escritor francês associado ao realismo. Não creio o artista deva estender-se em explicações, tratar o leitor como uma besta. Deixar que as personagens falem — ou antes, ajam — é uma técnica efetiva para construir uma narrativa instigante, comovente e real. E quando um professor põe-se a lecionar, fazemos bem em escutá-lo.

O fundamento da literatura. — Charles Bally, linguista suíço, faz uma reflexão virtuosíssima em seu *Traité de stylistique française*. Está ele exaltando a importância da língua falada, com toda a sua carga subjetiva, para a linguagem literária: diz a língua literária alimentar-se e rejuvenescer-se da língua falada. Em seguida, diz o prazer estético derivado da forma literária estar diretamente relacionado com a língua falada, uma vez que tal prazer não é senão a captação de uma *déformation sublime* operada pelo artista, que só é percebida através da comparação. Reforça Bally que a emoção, a qualidade das ideias ou sua organização jamais foram suficientes para consagrar uma obra literária, não nos permitindo citar uma única obra-prima que lhe obteve a consagração abstendo-se da forma. Charles Bally então conclui, em outras palavras, que o dia em que não houver a forma, e não houver o contraste entre a língua falada e a língua literária, não haverá mais língua literária, e a literatura estará morta. Excelente, excelente! Agora analisemos a progressão da poesia e da prosa ao longo dos séculos e tiremos nossas conclusões...

Estrelas funestas, de Camilo Castelo Branco. — Suspeito Camilo Castelo Branco seja o maior prosador da língua portuguesa... É realmente impressionante o patamar a que este português eleva o nosso idioma. Nestas *Estrelas Funestas*, Camilo, afora o estilo, conduz brilhantemente o arco dos personagens de forma a operar uma completa transformação no julgamento do leitor. Não há um único ponto de desafogo na narrativa. Desde o início, a obra prende e comove. São cento e poucas páginas narrando um casamento forçado desaguar em desgraça. O marido, bom homem, vê-lhe o orgulho transformá-lo num monstro atroz. A esposa, neurótica e intratável, vê-lhe o instinto materno transformá-la na personificação do amor. A filha, doce menina de fado maldito, sofre na carne e na alma o pior dos destinos. Desfecho implacável, obra magistral.

Críticos literários. — É muito, muito difícil que um crítico literário se não torne um difamador. E isso é fácil de entender: o crítico vê-se, na maioria das vezes, diante de algo que gostaria, mas não consegue produzir, seja por falta de coragem ou talento. Assim, com alimento diário, a inveja só lhe tende a crescer. Isso é algo natural desde os menores aos grandes. Vejamos um exemplo emblemático: o enorme Vladimir Nabokov. Mesmo ele, intelectual de primeiríssima ordem, não escapou da emboscada, sendo capaz de entregar-nos uma análise absolutamente brilhante de *Anna Karênina* em volume unido a páginas desprezíveis e invejosas sobre a obra de Dostoiévski. Percebam vocês que falamos de críticos: ainda estes, os que buscam analisar e julgar sinceramente os aspectos artísticos de uma obra, estão sujeitos à tão ingrata sorte. Há ainda uma ala pior, significativamente pior: a ala dos panfletários. Mas estes, desculpem-me a indelicadeza, não merecem senão o desprezo total.

Romances psicológicos. — Proverbiais são as críticas aos chamados "romances psicológicos", isto é, romances em que o autor explora a mente e as motivações psicológicas de suas personagens e foca a narrativa na progressão dos fatos e ações. Dizem alguns, sobre autores deste estilo, carecerem de uma espécie de veia artística, que supostamente os obrigaria a pintar cada paisagem, cada ambiente com máximo detalhamento possível. É um ponto interessante. Entretanto vejo o leitor muito mais interessado no arco de ação, nos dramas psicológicos de personagens que lhe causam alguma empatia ou repulsa, do que em saber, por exemplo, a respeito dos objetos deixados em cima de uma mesa em madeira com sinais de mofo. Poderíamos aqui prosseguir em discussão extensa, polêmica e absolutamente inútil, e o leitor acabaria por contrapor-me as palavras às belíssimas descrições feitas por grandes artistas, como se encontra com frequência em Tolstói, Turgueniev, Tchekhov, Eça de Queiroz e muitos outros. Não vem ao caso. Vejamos, porém, o que opera na cabeça do leitor quando em contato com algum destes ditos "romances psicológicos". Se, por um lado, é possível apontar carência em descrições destes romances, por outro podemos dizer que o fio da narrativa jamais afrouxa, jamais se rompe, e que o leitor, absorvido e concentrado, passa a desempenhar papel ativo na narrativa. Que quero dizer? Pensemos, por exemplo, nas descrições físicas das personagens. Há narrativas onde o autor nos não concede senão um ou dois traços característicos da personagem e então lhe descreve minuciosamente o psicológico. Que fazemos? Através das características psicológicas desta personagem, passamos a desenhá-la fisicamente baseando-nos em nossa própria experiência. O personagem tem vasto bigode? Ótimo: o que, em nós, evoca um vasto bigode? Outra: o autor traça o psicológico de um canalha. Como é, fisicamente, o maior canalha que já conhecemos? Pois façam, psicólogos, as devidas pesquisas e confirmarão o que fica dito: o canalha, se não descrito em detalhes, sairá detalhadamente desenhado pelo leitor, ou ainda: o leitor, talvez, não necessite de demasiadas informações. Finalmente: que história parecerá mais real, mais intensa e instigante ao leitor: a que ele completa e participa ativamente, desenhando personagens semelhantes ao seu próprio universo, ou a que o autor... Não há necessidade de completar a pergunta. Cabe ao artista, porém, o planejamento e a distribuição inteligente de seus gatilhos, usando-os, evidente, com a devida cautela.

Como lidar com o bloqueio criativo? — Questão facílima e de pronta resposta. Lida-se com o bloqueio criativo dando-lhe a devida importância: nenhuma. Até entendo o terror de alguns escritores com a tela branca, o vácuo de ideias, o tal "bloqueio criativo". Mas vejo este como um problema extremamente frágil, passível de ser rompido com três batidas no teclado. O que chamam "bloqueio criativo" normalmente é o conjunto de desculpas psicológicas que um escritor repete a si mesmo para não escrever. Enquanto for possível começar um romance com "Era uma vez...", um conto com "Foi numa manhã ensolarada...", um ensaio com "O objeto deste estudo..." ou um diálogo com "Como foi seu dia?", bloqueio criativo jamais será um problema relevante. Mas o que ocorre, e a pouca prática sempre me amparou, é que os dedos ativam o cérebro, e caso ousem digitar algo como "Era uma vez...", automaticamente o cérebro, irascível e implacável, fará correção imediata, de forma que antes mesmo que os dedos deem cabo de seu intento juvenil, a frase já estará devidamente reconstruída. O cérebro é senhor e corretor obstinado dos dedos, mas lhes necessita o estímulo para colocar-se a trabalhar. Assim, se um dia alvorece ensolarado, apenas por isso, o cérebro começará a pintá-lo conforme deve ser, e então os dedos, escravos agitadíssimos e precipitados, terão de rever o trabalho mal feito ou continuá-lo caso esteja bom, o que farão com muito gosto, visto serem afeitos à labuta. Em suma: tudo se resume a uma questão de movimento. Portanto, entendendo o "bloqueio criativo" como um problema da alçada dos dedos, tomando ciência de que, ao se sentar, imediatamente se porá a escrever, independente do estado emocional, do ambiente ou da motivação do dia, o escritor poderá, assim, guardar-lhe o ânimo para o trabalho terrível que o espera na revisão, que exigirá tudo o que for possível extrair de seu cérebro, atormentando-o com a forma inalcançável, a falha rítmica, o mau encadeamento dos parágrafos, a palavra que lhe escapa ou o não expressa com precisão... isso sem falar, é claro, do sentimento extremamente amargo que lhe brotará no peito assim que o cérebro começar a dar vida às linhas escritas em estado de emoção. Esse tal "bloqueio criativo" é problema que suscita o riso quando o escritor estaca arrepiado diante de um texto mal escrito, repleto de erros, prolixo, fastidioso, inexpressivo, sabendo que exatamente esse texto tomou-lhe dezenas de horas e constitui, em suma, o trabalho de sua vida.

Obra completa, de Raimundo Correia. — Façamos uma lista séria com os maiores poetas da língua portuguesa e lá estará obrigatoriamente o nome de Raimundo Correia, esse gigante maranhense, cofundador da Academia Brasileira de Letras que, hoje, encontra-se praticamente esquecido. Essa, ao menos, é a minha conclusão, posto não ser possível comprar nenhuma de suas obras em livraria alguma, senão seleções de seus "melhores poemas". Os grandes poetas brasileiros costumam ter essa sorte: as editoras, a poupar folhas ou evitar prejuízo, reduzem-lhes as obras aos "melhores poemas", ou a qualquer coisa que o valha. A ideia faz sentido: evitar dispêndio de papel e tinta imprimindo somente o que tem valor — ou, se quiserem, o que tem "maior valor". Posso às vezes parecer ingênuo, mas aposto como essa brilhante ideia não saiu da cabeça de algum marqueteiro experimentado! "Melhores" no título — deve ter apontado na mente do gênio — impulsionará as "conversões". Então vemos a literatura, a arte, a elevação humana, os esforços de uma vida inteira, subjugados todos ao mais rasteiro utilitarismo. Os artistas, mortos, já não podem protestar. E assim se dissipam os títulos das obras, levando consigo parte de sua identidade... — talvez, ao menos, para algum lugar melhor...

Períodos curtos e ritmo. — Folheio alguns manuais de escrita, leio artigos de estudiosos das letras e percebo uma certa obsessão com os períodos curtos enquanto formadores de estilo. Não nego: períodos curtos, de fato, agregam dinamismo a qualquer texto. Mas estilo é um misto entre expressividade, concisão e ritmo, e se podemos dizer que períodos curtos dinamizam, os longos, por sua vez, aprofundam. Vamos ver: Nelson Rodrigues. Esse mestre, em especial em suas narrativas de ficção, lançou mão com extrema perícia dos períodos curtos. Entretanto, temos de pensar: como são os romances rodriguianos? Logo veremos que Nelson, propositalmente, imprimiu dinamismo às narrativas, posto os enredos se lhe desenvolvessem em progressão acelerada, gerando apreensão e expectativa. É uma técnica, instiga o leitor. Mas Nelson sabia, como poucos, imprimir ritmo em seus textos, e não são raros os períodos em que o mestre divaga, se estende, diluindo a tensão germinada em períodos precedentes. Vejamos agora o outro lado: penso em Dostoiévski, Thomas Mann, Hermann Broch. Que seriam esses autores sem seus períodos extensos? Ou antes: como imprimir profundidade na narrativa sem se servir de parágrafos robustos e longas construções? É possível? Evidente... mas é inegável que seja esta uma técnica apurada. Tudo é uma questão de perguntar-nos: o que desejamos escrever? Uma narração objetiva? Descrever a sequência de uma ação? Ou afundar uma personagem numa reflexão? Evocar o devaneio no leitor? São objetivos diferentes. E se, como tenho lido mais de uma vez, períodos longos podem sugerir afetação, provocar enfado, sobejar detalhes fúteis, sem dúvida uma narrativa desenvolvida exclusivamente em períodos curtos soará como rasa, entrecortada e banal.

Fausto, de Goethe. — Tive o prazer de ler *Fausto* em tradução de um dos mestres de nossa língua: António Feliciano de Castilho. Em primeiro lugar, sobre a tradução: historicamente, meu critério quase único para escolher traduções tem sido buscá-las diretas do original, a julgar que, assim, a nova obra granjeia maior fidelidade à obra-mãe. Hoje vejo que, sem dúvida, sempre negligenciei o fator determinante de uma tradução: a qualidade do tradutor enquanto artista. Costume mesquinho esse de buscar pelos livros mais baratos... Traduções são obras distintas, quase que separadas das originais, por isso o tradutor, caso se arrisque ao trabalho dificílimo de pôr em seu idioma os versos de grandes poetas estrangeiros, tem de ser, também, grande poeta. E Castilho, repetindo, é um dos mestres de nosso idioma. A mim foi surpresa saber que sua versão portuguesa de *Fausto*, Castilho a não derivou da original alemã, e sim mediando três versões portuguesas e quatro francesas. O resultado foi um poema belíssimo. De fato, se vemos os recursos expressivos, a eufonia dos idiomas como que irreplicáveis, — e são, — o derivar ou não do original perde preponderância frente à qualidade do poeta tradutor. Agora sobre *Fausto*: a obra, composta ao longo de sessenta anos por Goethe, data de há quase dois séculos. Como não empatizar, ou por outra: como não assumir o problema do Dr. Fausto como o nosso? De início, a obsessiva busca pelo saber: em certa medida, é impossível que a não julguemos como infrutífera e vã. Em seguida, a consequência talvez natural: a perda do prazer, da satisfação, do encanto pela vida terrena. Depois: a ausência de medo, a insubmissão, a revolta do espírito e, evidente, o desamparo. Que esperar desta vida? Há sentido para a ação? A vida terrena é, de alguma forma, virtuosa? Há, enfim, redenção para essa espécie doente que se convencionou chamar de homem moderno? Goethe, em *Fausto*, faz música enquanto arrisca respostas admiráveis.

Le Rouge et le Noir, de Stendhal. — Romance certamente entre os melhores de todos os tempos. Enredo magnífico, que encerra a recusa terminante de Julien Sorel, filho de humilde carpinteiro, a seguir uma vida camponesa medíocre e ser o espelho do próprio pai. A trama corre na França em proximidades da Revolução de 1830. Julien, criado por pai inculto, é jovem que desde cedo apresenta proeminência na leitura dos textos sacros: sabe latim e recita trechos da Bíblia de cor. Porém o pai, severo, envergonha-se do filho franzino, pouco apto ao trabalho braçal, invejando-lhe, ademais, os dotes intelectuais que não possui. Certo dia este rude camponês vende o filho a ser preceptor de algumas crianças, não deixando de lembrar-lhe a dívida que deixou em aberto pela comida que recebeu em casa, que um dia terá de pagar. O pai aproveita e deixa manifesto ao filho o desprezo pela função que irá exercer. Julien, entretanto, enxerga na obrigação uma oportunidade: o contato diário com a Bíblia, pregando a uma família de classe social superior, poderá abrir-lhe o caminho para carreira eclesiástica, dotada de inúmeras vantagens. Temos aqui um conflito assaz revelador da personalidade de Julien Sorel: desejoso da carreira militar, admirador íntimo de Napoleão, tem de optar pela religiosa, visto ser a vereda que a condição lhe permite. Abandona o sonho da farda *vermelha*, passando a perseguir o da batina *negra*. Julien impressiona, agrada, e em pouco consegue ingressar num seminário. A obra, pois, ganha corpo: o jovem, a despeito de seu conhecimento da doutrina cristã, não ingressa no seminário pela fé, mas pelo desejo de qualquer coisa que o afaste da realidade camponesa, qualquer coisa que lhe traga ascensão social. Reparamos atitudes, palavras de nosso protagonista e vemos, em suma, um bom rapaz, piedoso e austero, inteligente e trabalhador. Mas Julien veste uma máscara: está disposto a tudo para saciar-lhe o desejo. Stendhal, nesse magnífico e emblemático exemplo do que se convencionou chamar de "romance psicológico", afunda na análise dos pensamentos e motivações do protagonista, que cai em armadilhas o tempo inteiro, posto vê-se refém das próprias paixões, incapaz de dominar-lhe o instinto. Julien encontra-se um hipócrita, dependente da simulação, da falsidade para progredir em seus objetivos. A narrativa corre e o jovem, pouco a pouco, uma vez após a outra, sufoca sua dimensão humana, sua dimensão moral. Os afetos que nutre, sinceros, acabam sempre em segundo plano quando contrapostos a oportunidades de ascendência. Assim Julien avança, adquire respeito, voz entre classes superiores da sociedade, inacessíveis para o filho de um camponês. E rapidamente deixa, de fato, de ser tão somente o filho de um camponês. Stendhal entrega-nos um personagem banhado na resiliência, no talento, na inveja, na hipocrisia, na inteligência, nas paixões, na ambição, no remorso, na saudade, e não conseguimos deixar de sentir junto ao jovem, de maquinar e refletir consoante às suas reflexões. O problema escancara, porém, quando percebemos a essência da personalidade de Julien Sorel — e talvez da nossa: — escravo do desejo, extremamente orgulhoso, Julien parece movido por um agudo ressentimento contra o mundo, parece desejar dar-lhe o troco. E acaba caindo, porquanto o desejo o não poderia conduzi-lo a outro fim. Queimando-se, pois, em todas as relações que construíra, tendo-lhe a ambição a descoberto, taxado de vil e mau-caráter, Julien vê-se condenado à pena do sangue. Num arroubo selvagem e maligno, fracassa; encarcerado, imerso em melancolia, sente-lhe o amor ressurgir. Mas é somente o espasmo da matéria que já nasce condenada. Julien Sorel acaba decapitado. Seu nome, contudo, perdurará enquanto houver espécie humana.

Artistas não são panfleteiros. — Em páginas de Umberto Eco, deparo-me com este problema tão comum e insistente, que tanto afligiu desde Nelson Rodrigues a Andrei Tarkovski, o próprio Umberto Eco e outros tantos, que é a cobrança de explicações sobre a própria obra. Umberto Eco resume:

"Un narratore non deve fornire interpretazioni della propria opera, altrimenti non avrebbe scritto un romanzo, che è una macchina per generare interpretazioni."[1]

Creio o "romance" se aplicar a qualquer obra artística. Interpretar não é da alçada do autor, nunca foi e jamais será. Exigir do artista qualquer justificativa é não menos que tentar destruir-lhe a obra. A situação é engraçada, porquanto é justamente a interpretação que todos, desde o leitor até o críti-

---

[1] ECO, Umberto. *Il nome della rosa*. Milano: Bompiani, 1981.

co, parecem exigir do autor. Tarkovski, com sua montagem não linear e suas cenas de teor altamente subjetivo e poético, revela-se em *Esculpir o tempo* alvo de inúmeras cartas indignadas e ofensivas de espectadores simplesmente lhe exigindo explicações. Nelson Rodrigues, por sua vez, passou a vida a ter de justificar por que os outros censuravam suas obras, quando obviamente nada tinha que ver com as interpretações de suas cenas. A lista se estende ao infinito: dramaturgos, romancistas, cineastas... muitos e muitos alvos da mesma noção infesta de que o autor deve explicações ao público. É triste saber dissolvido o sentido da arte, saber que o público desconhece por completo a essência de uma obra artística e julga o artista como a um panfleteiro, alguém que deseja lhe provar a opinião ou lhe angariar alguma concordância. Entretanto, há o lado positivo e talvez muito, muito positivo. Tomando conhecimento da própria sina, o artista saberá traçar a distância ideal que deve tomar do público, blindando-se, assim, e salvando a sua obra.

O silêncio de Machado de Assis. — Alvo de numerosas críticas sendo algumas, em verdade, ataques invejosos, Machado de Assis, em toda a sua vida, silenciou-se a respeito. Mereciam resposta? ou antes: cabe ao artista responder as críticas que lhe são direcionadas? Sem dizer uma única palavra, Machado nos ensinou como o grande artista deve portar-se. Atacado, o mestre conservou-lhe a independência, continuou a trabalhar. E se as críticas expuseram qualquer problema estético ou expressivo digno de nota, pois que a resposta está claríssima em literatura. E para a grande massa dos comentários, bom, esses receberam o que lhes cabia: o desprezo.

Querem dizer que há poesia sem ritmo... — Um músico, obrigatoriamente, precisa entender de ritmo para compor uma boa música. Para isso, é necessário que ele saiba, ainda que instintivamente, o que é *beat* e *tempo*. Só assim será capaz de diferenciar as inúmeras frequências possíveis e os efeitos que poderá alcançar com cada uma delas na sua composição. Querem dizer que há poesia sem ritmo. Há, sem dúvida, versos de péssima qualidade... E ainda que o poeta queira prescindir do elemento mais importante para diferenciar uma composição poética da prosa ou da língua falada, acredito seja impossível negar quanto o conhecimento do ritmo agregaria ao seu arsenal de efeitos expressivos. Pois bem. Para entender de ritmo, na poesia, é forçoso que o poeta compreenda a métrica e, consequentemente, a contagem de sílabas poéticas. Não há outro meio: o poeta que não entende a contagem de sílabas nunca será capaz de entender o que é quantidade e qual a relação que as sílabas tônicas mantêm com as não acentuadas em intervalos regulares. Assim, nunca saberá o que é ritmo e acabará compondo versos que não agradam ao ouvido. Pergunto: será boa a poesia que o ouvido repele?

O alter ego na literatura. — Algumas personagens literárias tiveram a felicidade de serem classificadas pela crítica como *alter ego* do autor. Outras já nasceram agraciadas com o selo proveniente do próprio mestre que as pariu. *Alter ego*... epíteto mágico capaz de dotar qualquer personagem de uma profundidade imediata, incutindo-lhe os passos com o peso da vida real. Engraçado! Não consigo pensar em literatura que não contenha, em grande medida, o peso da realidade do autor. A mim é simplesmente impossível imaginar um escritor a escrever abrindo mão das próprias impressões sobre a vida, das suas experiências, dos próprios julgamentos sobre si e sobre os outros, dos detalhes da existência que só ele nota, das observações que arquiteta sobre o meio em que vive. Se está a pintar um ambiente, pois tomará como base um ambiente que já presenciou ou imagina; se está a descrever um caráter, pois irá servir-se dos exemplos que a vida lhe concedeu. Sensações: o simples fato de imaginá-las em profundidade é, também, senti-las, e não é possível julgar que o autor esteja imune aos sentimentos que ele mesmo evoca. Como saberia descrevê-los, não fosse capaz de senti-los? Assim, o *alter ego*, termo de múltiplos sentidos, se pode, em psicologia, expor um interessante e complexo desvio de personalidade, em literatura normalmente expõe uma personalidade obcecada consigo mesmo: o autor.

Estilo é abundância em recursos expressivos. — O objetivo de todo grande artista deveria ser erigir, a longo prazo, um monumento complexo e multifacetado. Por isso artistas menores são os que, irritantemente, só fazem repetir os mesmos processos.

Fazê-lo, a buscar ênfase numa mesma ideia, numa mesma impressão ou na evocação de um mesmo sentimento, não é, como alguns supõem, demonstração de estilo, mas evidência de horizonte criativo limitado. Estilo é expressividade, potência, concisão, ritmo... Estilo é abundância em recursos expressivos, exatamente o contrário da capacidade do artista em repetir à exaustão os mesmíssimos processos.

A explosão de um conflito interior insuportável. — Contraposta à representação de fenômenos externos, percebo a grande arte como a explosão de um conflito interior insuportável. Quer dizer: o artista imprime aquilo que o atormenta ou o objeto de seu desejo irreplegível. Obsessões psicológicas, sentimentos que o atacam violentamente... a grande arte é consequência de uma guerra interior. Exatamente por isso, é raro que se apresente como agradável. Intensidade nada tem que ver com paz...

A distância entre o público e o artista. — Nada representa tão bem a distância entre o público e o artista como o teatro e não há grande peça dramática imune a vaias em primeira apresentação. Fato compreensível, posto o grande efeito dramático ser avesso ao agradável. O dramaturgo, pois, pode medir o próprio sucesso pelas reações negativas e, se recebe aplausos, talvez seja artista menor. Assim é a dramaturgia. As pedradas evidenciam-lhe a força e o natural é que flores não sejam atiradas senão por um público que lhe passou incólume. Será apenas a dramaturgia?...

A sina do intelectual. — O intelectual tem de ser imprevisível, ou não será digno do epíteto. Se o leitor, em contato com o título de uma obra ou de uma crônica, for capaz de predizer-lhe o conteúdo, então o autor estará morto, mergulhará no desinteresse. Digo o óbvio, é confrontar com os exemplos... Cronistas de assunto único sobejam, romancistas de antolhos são maioria. E se atingem, estes ou aqueles, os efeitos desejados alguma vez, a insistência somente lhes expõe as limitações. O intelectual, pois, há de ser dinâmico, variado, imprevisível e abrangente, do contrário, é preferível que deixe de falar...

Independência e resolução. — As reações do público a uma peça dramática ensinam sobre a arte. Ao público, geralmente agredido no fim do último ato e imediatamente após a agressão, é concedido o direito de resposta. Então ecoam as vaias, os impropérios e similares. Dizemos, é claro, do público espontâneo — sincero, selvagem — e em primeiro contato com a peça. Uma peça já representada, ou antes, um público conhecedor do clímax do drama age de forma totalmente diferente: comparece ao teatro para analisar performances e decidido a aplaudir. O curioso é que, em vida, os grandes dramaturgos não costumam produzir sob o estímulo dos aplausos; e o público, que geralmente é maestro da crítica, contribui para a sua execração. Assim vemos a arte como que forçando a autonomia do artista ao atirá-lo em confronto contra a maioria. Parece perguntá-lo: "E então? és capaz de seguir adiante, contrário a todos?". A questão não cede espaço a evasivas: a arte parece exigir independência e resolução.

O ritmo das letras. — Na prosa a pontuação, a extensão dos períodos, o encadaeamento dos parágrafos; na poesia, além da pontuação, a distribuição das tônicas, a extensão dos versos soltos e relacionados entre si: eis os balizadores do ritmo das letras. Já quanto ao ritmo: terreno arenoso, traiçoeiro; fera indomável; enigma maravilhoso e irresolúvel; perfeição visível mas distante, muito distante...

The Picture of Dorian Gray, de Oscar Wilde. — Abri esta obra em grande expectativa. O motivo, ser Oscar Wilde uma das personalidades mais intrigantes da história. Lembro-me das palavras de Carpeaux: "Sua vida, foi obra de gênio; e ao gênio a sociedade sempre fez pagar caro a singularidade de sua natureza". Abri o livro, pois, desejoso da manifestação do gênio. Encontrei. *The Picture of Dorian Gray* é romance que só pode ser escrito por um grande artista. A começar, pelo enredo: a história é instigante desde o primeiro ao último capítulo. Os três principais personagens estão muitíssimo bem desenvolvidos; amigos, representam faces conflitantes de uma mente genial. A moral é posta à prova, a arte em evidência, as relações sociais em cheque e os dramas psicológicos a faiscar. Basil Hallward, como poucos, retrata a personalidade de um artista. Lord Henry Wotton é personagem com vivacidade impressionante. E Dorian Gray desenvolve-se em arco engenhoso traçado por Wilde. Sobeja na obra a coragem, a acuidade psicológica: o autor não escreve acorrentado, não teme a rejeição. E consegue, assim, expressar-se com sinceridade e potência, entregando personagens singulares e reais. Não há que dizer: Oscar Wilde continuará difamado pelos séculos dos séculos. Mas jamais deixará de ser o que foi: um grande artista.

Medalhas terrenas. — É curioso notar que o ódio consagra com maior frequência que o amor. E curioso notar como a mesquinhez humana inicia e fecha o arco da obra artística: motiva a agressão e chicoteia o agressor. Penso se haverá arte entre anjos. Talvez. Mas sendo o homem como é, a arte terrena jamais poderá ser diferente do que sempre foi. E a inveja e o ódio serão eternamente, na terra, as medalhas concedidas ao progenitor da grande arte.

As "obras-primas da ficção de gênero". — Perguntam-me o que acho das "obras-primas da ficção de gênero". Estranho. Jamais considerei obras-primas sobre semelhante perspectiva. Quero dizer: uma obra-prima o é — ou não — independente de seu gênero literário. Mas a questão abre as portas para uma reflexão interessante. O que se convencionou chamar de "ficção de gênero" parece não ter angariado respeito da crítica. Mas a crítica costuma ser injusta com tudo o que constitui novidade. A literatura, porém, está sempre em movimento — e pior para os críticos que o não acompanham. Por outro lado, a popularização das "ficções de gênero" deve muito ao fato de que essas obras, em geral, são escritas pensando no leitor. Escrever pensando no leitor é um método extremamente eficaz para produzir uma obra de baixa qualidade. E como o lixo sempre fez sucesso entre o público! Por isso, quanto à "ficção de gênero", é necessário cautela. Em hipótese alguma um gênero literário impõe limites para a qualidade de uma obra artística, e várias obras de "ficção de gênero" vencerão a barreira do tempo e se tornarão clássicas — algumas, aliás, já o fizeram... Porém, os artistas desse gênero literário caminharão por muito tempo sobre uma linha estreita: amados pelo público, desprezados pela crítica, tendo de lidar com a tirania do sucesso que pode, de fato, destruir-lhes a qualidade artística das obras. É ter coragem para colocar a arte como rainha e ser indiferente aos anseios do público...

O problema da originalidade. — Interessante como o dever de originalidade assombra o escritor médio. Quer dizer: antes de expressar-se com sinceridade e potência, tem de ser original. Mas a originalidade, a menos que o escritor deliberadamente se valha de uma fórmula pronta, plagie e recuse-se a pensar com independência, aparece de forma natural. Primeiro, porque as interpretações psicológicas dos fatos, a relação travada entre o indivíduo e a realidade circundante são variáveis e quase únicos. Segundo, porque as biografias, estas sim, são absolutamente individuais, ou seja: cada escritor possui experiências únicas a serem transmitidas para sua arte. Por isso, a menos que tencione ser alguém que não a si mesmo, qualquer meia dúzia de linhas sinceras fará com que o escritor pareça sempre original.

A ilusão de liberdade poética. — A evolução da poesia ao longo dos séculos passa-nos uma falsa ilusão de liberdade angariada, deixa parecer a nós que, no decorrer do tempo, os poetas foram paulatinamente se livrando das amarras dos versos até alcançar o verso livre. Em parte, os poetas provaram-se capazes de quebrar antigas convenções, introduziram novos recursos expressivos (o *enjambement*, por exemplo) e alargaram as possibilidades estéticas da poesia. Mas é falso que pensar que, sentando-se a compor, o poeta sente-se livre quanto à forma, mesmo em verso livre. Isso, é claro, se for bom poeta. Mas por quê? Porque ainda que abra mão da métrica, das rimas, varie as estrofes e extrapole os limites do verso, o poeta estará preso ao ritmo. Se pretender compor um bom poema, não é livre para colocar as palavras onde quiser. Ritmo, balanço entre sílabas tônicas e átonas, movimento cadenciado de sons: no dia em que for considerado bom o poema que ignore esses princípios, seremos todos — de analfabetos a filisteus — grandes poetas.

Don Quijote de la Mancha, de Miguel de Cervantes. — Mal começo estas linhas e sei que me faltarão palavras... *Don Quijote de la Mancha*, clássico dos clássicos, obra entre as maiores de toda a literatura universal, primor em todos os quesitos. De tudo o que já li, duas obras suscitaram-me algo que sou incapaz de descrever, um sentimento sem nome, a impressão de qualquer sorte de magia operando, como se houvessem sido escritas por algo diferente de um ser humano; são elas a *Commedia*, de Dante, e *Don Quijote de la Mancha*. Mas por quê? Eis o fascinante... *El ingenioso hidalgo* já foi objeto de obsessão de incontáveis artistas, inspirou muitas e muitas obras e não consigo imaginar alguém que, conhecendo-lhe a história, não se compadeça. *Don Quijote de la Mancha* faz despertar no leitor uma compaixão infinita, uma relação de afeto real para com a dupla Don Quijote e Sancho Panza. Tentemos esmiuçar a magia... Cervantes, de início, constrói uma união entre personalidades opostas: o *caballero andante* Don Quijote é, física e psicologicamente, o oposto de seu escudeiro Sancho. O primeiro habita o universo dos sonhos, submete a realidade ao imaginário, interpreta a existência quase em delírio. Já o segundo personifica o pragmatismo. O efeito dessa junção de contrastes é uma harmonia imensa e crescente durante a obra, posto Sancho desenvolver-se de forma a paulatinamente partilhar dos juízos de seu amo. Assim, Cervantes edifica uma relação de amizade que talvez não tenha par na literatura universal. A fidelidade de Sancho comove: quando fala, há sempre uma tentativa velada de conciliação e, acima de tudo, humildade. Já Don Quijote, não podemos deixar de perceber-lhe a ternura por trás do perfil beligerante. A narrativa avança exibindo um intenso conflito entre realidade e imaginação e *el caballero*, megalômano incurável, que desde o início mostra-se incapaz de perceber a própria mediocridade, gradativamente sucumbe ao próprio imaginário, perdendo a consciência. A realidade impõe-se e escancara o absurdo de tudo quanto Don Quijote sonhava. Mas deixa em aberto a pergunta: será mesmo que Don Quijote não viveu os próprios sonhos? Será mesmo a realidade prática senhora da existência? E, confrontados com um personagem falho, essencialmente frágil, cujas ações sempre remetem ao ridículo, mas que, ainda assim, acredita, não podemos deixar de julgá-lo movido a algo que nos escapa ao entendimento. *Don Quijote de la Mancha* é obra que dá vida ao mágico e evoca o divino. E o leitor não fecha o livro sendo a mesma pessoa: a doçura que permeia a narrativa impregna e amolece qualquer caráter. A existência, pois, abranda, e aprendemos — ainda que não consigamos explicá-lo — que a vida é mais bela quando não levada tão a sério.

A ausência de uma concepção mais nobre. — Penso no grosso da literatura do século XX. O ser humano é um animal multifacetado, ambíguo, sujeito a manifestações diversas e contraditórias. Nele, o selvagem mistura-se ao sublime em proporções variáveis — e, geralmente, desbalanceadas. Um autor, pois, não erra quando o retrata como escravo do desejo, fantoche da vontade. E acerta em cheio quando explora a irracionalidade e o avesso à moral. Entretanto, uma pausa. Há no homem a manifestação do belo, e amputada é a obra que se exima de explorá-la. Dar vida ao espécime humano mais arcaico e animalesco é tarefa, digamos, menos difícil que ousar penetrar a mente do modelo que se eleva acima do banal. Por isso, o autor será menor caso fuja da tarefa de conceber o raro. Onde está o nobre? Inexistente? É o que parece dizer grande parte da literatura incapaz de engendrá-lo ainda que, como Swift, sob a forma de cavalos...

Fugir do cotejo. — Compor em verso livre é uma ótima maneira de fugir do cotejo. Em verso livre, um poema automaticamente se esquiva da classificação de lixo estético: obedece a critérios particulares. Troca o "ruim" pelo "diferente". E a crítica se vê em apuros ao avaliá-lo, correndo o risco de confundir o péssimo com um "não gostei". Ao artista, é o caminho da vitória certa, visto ousar um soneto, uma canção ser arriscar a comparação direta com Camões. Quantos se submetem ao desafio? Mais fácil inventar uma nova estética...

Exigências da formação intelectual. — A formação intelectual exige, fundamentalmente, duas tarefas: estudar os grandes autores, e estudar autores com visões de mundo radicalmente conflitantes. De início, o óbvio: é questão de respeito à própria inteligência brindar-se com os grandes. Os clássicos devem ser lidos, estudados, absorvidos, integrados à personalidade de quem se pretenda intelectual. Então, com a base assentada, é possível almejar evolução. O passo seguinte é transformar a mente num violento campo de batalha. O intelectual precisa, necessariamente, do conflito, do choque de ideias: só assim é possível progredir. Ler autores conflitantes é entender a complexidade da vida, as variações nos mecanismos de percepção, é reconhecer e aceitar o ambíguo. Mais: conversar com mentes díspares, se sinceramente, não só alarga o conhecimento como impõe a humildade, escancara méritos onde dizem não havê-los, em suma, engrandece. Por isso é forçoso conviver, lidar com opostos, abandonar prejulgamentos, libertar-se das correntes do pensamento. O caminho contrário é repetir o conveniente, denegar as contradições e jamais evoluir. Deixar que as ideias rebentem livremente é deixá-las, à força, arrastar a mente à inteligência.

"Quem não conhece uma língua estrangeira, não conhece a própria." — A aula é de Goethe. Mas por quê? É assunto para centenas de páginas... O conhecimento de idiomas estrangeiros contribui de forma inestimável para o domínio da língua materna. Idiomas provenientes de uma mesma raiz alargam o vocabulário, aprofundam a compreensão das palavras, fortalecem o significado de radicais comuns, entregam ao estudante um arsenal de recursos sintáticos e expressivos aplicáveis ao próprio idioma. Idiomas de raiz diferente, por sua vez, desafiam o intelecto, forçam o cérebro a lidar com uma diferente organização da linguagem — ensinando a estruturar o pensamento de forma distinta, — fortalecem a compreensão das classes de palavras, apresentando-lhes novas aplicações. Isso sem mencionar os ganhos de natureza cultural: o idioma é a manifestação da índole de um povo; estudar-lhe a evolução e suas particularidades é conhecer uma nova maneira de compreender e expressar a realidade. Por isso, a conclusão óbvia: a assimilação é dependente da comparação; apreende-se a essência de algo quando contraposto ao diferente. E, assim, são sábias as palavras do mestre: o conhecimento profundo do próprio idioma exige o conhecimento de idiomas estrangeiros.

O papel dos críticos literários na formação do intelectual. — Uma das decisões fundamentais e primárias na trajetória de um intelectual é decidir pelos guias que utilizará para elaborar a própria rota e auxiliá-lo a apreender o que verá pelo caminho. Privado do amparo, o longo percurso apresenta-lhe obstáculos quase insuperáveis. Por isso, antes de percorrê-lo, é necessário estudá-lo, a definir o melhor trajeto, ou o trajeto que se ajuste melhor aos próprios objetivos. O que deseja ver? Eis outra questão importante: as possibilidades são imensas... Por isso, o papel dos críticos literários é nobilíssimo. São eles quem desvendam sendas alternativas — muitas vezes extremamente desagradáveis — e entregam o resumo de suas perambulações. Onde a luz? Onde a escuridão? Sem eles, encontramo-nos em mata fechada, perdidos e desamparados. Mas como escolher os próprios guias? Nova difícil questão. O bom guia deve entregar segurança e despertar admiração. A seguir alguém, devemos ter nele mais confiança que em nós mesmos. Assim, um grande crítico deve reunir, além de um vasto conhecimento, qualidades pessoais atípicas, do contrário será menor em sua função. Como o artista, deve o crítico ser observador, detalhista, curioso; deve buscar intencionalmente o diferente, enveredar justamente pelas rotas que aparentam as mais medonhas; deve ser justo, receptivo ao contraditório, disposto a abandonar cada uma das próprias convicções; deve ser capaz de enxergar méritos onde parece não havê-los e, acima de tudo, deve ser capaz de fazer a dificílima distinção entre o melhor e o mais agradável. Só assim poderá dizer, de consciência limpa e em palavras justas, qual cuida a melhor rota a ser percorrida, ou quais rotas levam a quais paradeiros; do contrário, será um condutor desleal, um manipulador e, não raro, evidenciará no trabalho os defeitos do próprio caráter. Assim, como guiados devemos responder a pergunta: "Por quem desejamos ser influenciados?" — e a resposta, a despeito das aparências, também dirá muito sobre nós.

Jude the Obscure, de Thomas Hardy. — *Jude the Obscure* é o último romance Thomas Hardy. Recebido em hostilidade pela crítica, há quem diga que os epítetos partindo do "sujo" ao "imoral" justificaram que Hardy vivesse-lhe os pouco mais de trinta anos restantes sem publicar um novo romance. O fato é que Hardy abandonou o gênero exatamente após a publicação de uma obra-prima. Quanto às críticas, Swift bem definiu: *"When a true genius appears in the world, you may know him by this sign, that the dunces are all in confederacy against* *him"*. E não é possível hoje, distanciados das mesquinhas conveniências da sociedade vitoriana, não classificar a obra como genial. Genial e indutora da revolta: *Jude the Obscure* expõe as entranhas desta organização repugnante denominada sociedade. Jude, o protagonista, enfrenta ambiente limitador da liberdade, opressivo contra qualquer manifestação do individual. As massas, naturalmente, são apresentadas como desprezíveis, hostis frente ao diverso, incapazes de aceitar o que lhes não replique a mediocridade. A organização social calcada em convenções, quase sempre estúpidas, antinaturais e indutoras da injustiça; o autoritarismo figurando-lhe como essência e a mensagem claríssima: a sociedade é uma máquina imunda. Difícil não ler a obra e julgar que o conveniente é essencialmente indigno. Jude, ainda novo, almeja a alta cultura, a despeito de suas limitadíssimas possibilidades. Alimenta, por anos, um sonho, quando passam a vê-lo, no vilarejo onde reside, como um jovem promissor. Então lhe armam uma cilada. Uma garota o seduz, desejosa de ascensão: arrasta-o para sua própria casa, submetendo-o ao constrangimento auxiliada do pai. Jude é forçado a julgar que o casamento é exigência da honra e casa-se, ainda que não dispondo de condições para fazê-lo. A realidade muda bruscamente: Jude vê-lhe, pois, o horizonte crassamente limitado, com todos os seus sonhos baldados em razão de uma necessidade compulsória de dinheiro. Em pouco, o casamento mostra-lhe a face perversa: a esposa, insatisfeita, larga-o e muda de país, não o desobrigando, porém, do compromisso eterno que firmou diante do padre, forçado pelas convenções. Então a narrativa avança e Jude, apaixonando-se por sua prima, sente na carne a maldição de nascer pertencente à espécie humana. É ler e sentir pulsar a revolta. Depreciaram a construção das personagens de Hardy, julgando-as reféns de um determinismo biológico; disseram de várias cenas imorais, absurdas e muitas outras coisas. Mas aqui está a verdade: a narrativa de Hardy convence, as personagens são vivas e reais e o enredo de *Jude the Obscure* é conduzido com extrema habilidade. O tempo já parece evidenciar quão virtuosas eram as convenções da sociedade vitoriana. E parece, também, evidenciar isto: *Jude the Obscure* é um romance imortal.

The Poetic Principle, de Edgar Allan Poe. — Em contraposição radical a um texto não ficcional em prosa, cujo objeto é habitualmente a racionalidade, encontra-se a poesia, cuja finalidade frequentemente é premiada com a incompreensão. O poeta nunca se senta a preocupar com a exposição lógica de uma ideia ou sentimento: o que ele busca é a potência de expressão, a beleza. E melhor o poema cujo sentido é sugerido, — e não demonstrado lucidamente, — abrindo espaço para interpretações, em oposição total ao caráter de um texto científico. Pois bem. Edgar Allan Poe, neste ensaio intitulado *The Poetic Principle*, discorre sobre sua concepção da poesia. Comentemos alguns trechos:

"I hold that a long poem does not exist. I maintain that the phrase, "a long poem," is simply a flat contradiction in terms."[1]

Polêmico. Mas se compreendemos um longo poema como a concatenação de unidades poéticas menores, faz sentido o raciocínio de Poe. Uma construção poética carece ser carregada de um mesmo tom, de um objetivo bem definido, do contrário será menos potente. O poema, nesta lógica, resume-se a um movimento único de ascensão. Poe continua, dizendo sobre onde julga estar o valor de um poema:

"The value of the poem is in the ratio of this elevating excitement. But all excitements are, through a psychal necessity, transient. That degree of excitement which would entitle a poem to be so called at all, cannot be sustained throughout a composition of any great length."[2]

Justo. Qualquer arroubo é, por definição, transitório. É impossível sustentar por muito tempo uma excitação sem que ela perca a própria força. Mas que dizer dos grandes poemas épicos? Poe é categórico, referindo-se à *Ilíada*:

"In regard to the Iliad, we have, if not positive proof, at least very good reason, for believing it in-

---

[1] POE, Edgar Allan. *The complete poetical works of Edgar Allan Poe*. Project Gutenberg, 2003.
[2] Ibidem.

tended as a series of lyrics; but, granting the epic intention, I can say only that the work is based in an imperfect sense of Art."[1]

Aqui, uma nota. O ápice de vários dos grandes poemas é subordinado à construção de uma atmosfera preparatória — às vezes, pode-se dizer, desnecessária, mas muitas vezes fundamental, e várias das melhores construções poéticas têm a própria unidade como caráter qualitativo e tonificador. Desperdiçar versos a construir como se faz em prosa certamente prejudicará a qualidade de um poema. Mas como negar, por exemplo, que o *Paradiso*, mesmo construído em cantos menores, como sugerido por Poe, não tem o efeito amplificado por estar onde está na *Commedia*? Difícil... Novo trecho interessante:

"*It by no means follows, however, that the incitements of Passion, or the precepts of Duty, or even the lessons of Truth, may not be introduced into a poem, and with advantage; for they may subserve incidentally, in various ways, the general purposes of the work: but the true artist will always contrive to tone them down in proper subjection to that Beauty which is the atmosphere and the real essence of the poem.*"[2]

A moral, a verdade e o juízo são, para o poeta, correntes. O que o poeta sente ou pensa necessa-

---

1   Cf. nota 1 da página anterior.
2   Ibidem.

riamente tem de estar em segundo plano no ato da construção poética. Quer dizer: ao compor um poema, o poeta tem de voltar totalmente o espírito à construção de uma beleza suprema, harmônica e plena, mesmo que isso exija um despego de sua própria essência: um poema, se bem-sucedido, ultrapassa os conceitos do artista que o gerou.

Muita paciência... — Já disse que forçar o início do movimento dos dedos basta para que a prosa tome vida. Ou, em outras palavras: faz-se prosa à força. Quão diferente é a poesia! Nela, não há que fazer: para que saia com qualidade, é necessário, acima de tudo, paciência. Para que se comece a compô-lo, o poema tem de estar praticamente pronto, isto é: estruturalmente definido e com os versos, no mínimo, bem esboçados. E paciência para o terrível trabalho de encontrar entre centenas de milhares de palavras as que exprimem o pensamento, enquadram-se no ritmo e entregam a sonoridade desejada. E mais paciência: pois quando, após exaustivo trabalho, o poema aparenta finalizado, é hora de pô-lo a descansar. Semanas? Meses? O que está claro é que, sem tremenda paciência, os versos se não aproximam da almejada forma final.

The Philosophy of Composition, de Edgar Allan Poe. — Nesta obra Edgar Allan Poe explana, detalhadamente, o seu processo de criação poética, exemplificando através de seu poema mais conhecido, o maravilhoso *The Raven*. Sem intenção de resumir ainda mais o que já se encontra extremamente resumido nas poucas páginas do ensaio, vamos a alguns tópicos interessantes. Poe começa:

> "I select "The Raven" as most generally known. It is my design to render it manifest that no one point in its composition is referrible either to accident or intuition — that the work proceeded, step by step, to its completion with the precision and rigid consequence of a mathematical problem."[1]

Alguma surpresa? É claro que não. Doce ilusão a dos que pensam que uma grande criação artística seja fruto de qualquer iluminação divina: é fruto de trabalho duro, critério e rigor. *The Raven* é, esteticamente, primoroso. A atmosfera e a musicalidade que emana desse pequeno poema é magnífica. E é interessante verificar a progressão do processo criativo de Poe: primeiro, a ideia; depois, o tom; depois, o formato; e, finalmente, a composição. Quer dizer: ao compor *The Raven*, ao pensar em como desenvolveria *The Raven*, Poe sentou-se já sabendo sobre o que iria compor, quanto iria compor e como iria compor. A unidade alcançada não foi fruto do acaso. Outro aspecto interessante de *The Philosophy of Composition* é a maneira como Poe enfatiza a importância do tom do poema: primário, uma vez definido, influencia todas as demais etapas da construção poética.

---

[1] POE, Edgar Allan. *The complete poetical works of Edgar Allan Poe*. Project Gutenberg, 2003.

> *"Beauty of whatever kind, in its supreme development, invariably excites the sensitive soul to tears. Melancholy is thus the most legitimate of all the poetical tones."*[1]

The Raven, impregnado de melancolia, faz transbordar o sentimento e o leitor, em poucos versos, vê-se em estado de espírito semelhante. Isso ocorre, primeiro, em razão dos efeitos pictóricos: a noite tempestuosa, a solidão no quarto e o corvo que irrompe da escuridão. Depois, pela melancolia proveniente da morte da mulher amada. E, finalmente, em razão da repetição dos fonemas fechados, graves e longos no final das estrofes — *"nevermore"*, *"nevermore"*, *"nothing more"*, *"nothing more"*... The Raven é um poema maravilhoso, intraduzível que, após fechado, permanece a ecoar. E se algo conclui-se após conhecer-lhe o processo construtivo é que o alto nível, em poesia, atinge-se somente em decorrência de um tremendo rigor.

O idiota, de Fiódor Dostoiévski. — Esta obra, assim como *Don Quijote de la Mancha*, é genial e pode confundir os incautos. Dostoiévski consegue, mais nesse do que em outros livros, dar amplitude à sua obsessão por personalidades tocadas pelo divino. O príncipe Míchkin, protagonista, é a personificação do que se pode atingir de mais nobre enquanto ser humano. Dotado de bondade e complacência infinitas, o príncipe gera empatia onde quer que passe;

---

[1] Cf. nota 1 da página anterior.

entretanto, é incompreendido: seus semelhantes associam-lhe a candura à inocência, à falta de tino, taxando-o de idiota. Dentre todas as temáticas em Dostoiévski, é a deste *O idiota* a que mais me fascina: a elevação humana passando necessariamente pelo aniquilamento da vaidade. Míchkin sabe-se um incompreendido, ou melhor: sabe os outros julgarem-no um idiota; e mesmo assim não altera sua postura complacente para com ninguém. Que importa o que os outros pensam? Míchkin parece imune à concupiscência, e é capaz de fitar a maldade nos olhos, sendo luz pelo contraste com as sombras que evidencia em seu redor. Sua bonomia agride, molesta, e o convívio só lhe expõe a superioridade moral. Idiota? Assim como Aliócha, de *Os irmãos Karamázov*, parece Míchkin caminhar entre os homens para provar a assimetria entre o humano e o divino, a miséria e a graça, o terreno e o celestial. E prova-nos, indubitavelmente, toda a mesquinhez dos pequenos desejos, das pequenas vaidades e do orgulho, que aniquila o que talvez seria a única virtude humana digna do nome.

ABC of reading, de Ezra Pound. — Aqui encontro, entre uma exposição virtuosa e trechos lúcidos de um grande intelectual, o óbvio aparentemente ignorado:

"Music rots when it gets too far from the dance. Poetry atrophies when it gets too far from music."[1]

Que dizer? A busca por originalidade e novos meios de expressão na literatura várias vezes desaguou numa descaracterização da própria arte literária ou, em outras palavras, numa estética pior. Muito em decorrência de uma visão obsessiva no estabelecimento de leis, as diretrizes, as ferramentas capazes de dotar a construção literária de um caráter artístico caíram em desprezo, tornaram-se "antiguidades". O problema, entretanto, só faz fugir do essencial: por que o arco de ação na dramaturgia? Por que a métrica na poesia? Porque são instrumentos que, se utilizados com destreza, diferenciam a arte literária do discurso falado, tornando-a esteticamente superior; são instrumentos capazes de entregar unidade à construção artística, capazes de produzir efeitos expressivos interessantes. O artista que os não conhece não será capaz de estabelecer critérios qualitativos para a própria arte, ou seja, não será capaz de melhorá-la, sequer avaliar sua qualidade estética, manejando algo de que ignora a substância. Obviedades, obviedades, conquanto extremamente necessárias...

"The bad draughtsman is bad because he does not perceive space and spatial relations, and cannot therefore deal with them.

---

1   POUND, Ezra. *ABC of reading.* London: Faber and Faber, 1991.

> *The writer of bad verse is a bore because he does not perceive time and time relations, and cannot therefore delimit them in an interesting manner, by means· of longer and shorter, heavier and lighter syllables, and the varying qualities of sound inseparable from the words of his speech."*[1]

A lição de Victor Hugo. — Já há três meses dedicando-me a fechar um pequeno volume de poemas, lutando contra a sensação desalentadora de nunca considerar um único soneto finalizado, é com espanto que penso nos mais de 150 mil versos que Victor Hugo finalizou em apenas uma vida. Certa vez, li alguém a dizer que tamanha produtividade comprometeu a qualidade destes versos. Raciocínio demasiado óbvio e que não resiste a um exame apurado. A mim, o escandaloso em Victor Hugo é a disciplina digna do maior nome da literatura francesa. Mérito imenso, e assaz instrutivo...

Beleza inata. — Os elementos melódicos e rítmicos tradicionais da poesia, quando usados com habilidade, concedem uma beleza aos versos que dificilmente os permitem igualados por pares livres. Em algumas dezenas de anos, será possível compará-los com o distanciamento necessário, e não há dúvida que o encantamento produzido pela dupla ritmo e melodia será, em média, muito superior aos novos efeitos alcançados pela poesia moderna. Será possível, também, julgar com sensatez o esmero da

---

[1] Cf. nota 1 da página anterior.

técnica, e então ficará evidente que transplantar a música às letras é arte dificílima cuja essência está diretamente ligada à poesia tradicional.

Os modelos de Said Ali e Castilho. — É interessante comparar os modelos de metrificação propostos por Said Ali e Castilho. Por um lado, é difícil negar que o modelo de Castilho, de praticidade imensa, estabelece critérios assaz úteis e aplicáveis à interpretação de quase a totalidade dos versos metrificados em língua portuguesa. Entretanto, se comparamos ambos os modelos, já não entre si, mas com modelos de outras línguas, percebemos que a metrificação proposta por Said Ali permite uma interpretação mais coerente dos movimentos rítmicos tradicionais da poesia. Decompor um poema em unidades rítmicas (*pés*) em vez de decompô-lo em sílabas poéticas parece favorecer-lhe a apreciação enquanto composição ritmada. Considerando o fim do verso exatamente na última sílaba tônica temos, muitas vezes, de romper a cadência natural do verso, ainda inacabado. Há, sobretudo, composições que não permitem versos esdrúxulos, para citar um exemplo. E, sabendo do sucesso tremendo do modelo de Castilho, impressiona que uma contraposição frontal (e assaz pertinente) como a de Said Ali tenha passado praticamente ignorada entre os poetas da língua. Por quê?

Exigência da arte. — O estudo apurado da técnica artística incorre no grande risco de turvar a motivação da arte na cabeça do autor. A beleza cria-se, fundamentalmente, de uma aguda percepção e não de uma motivação abstrata. Se a estética escapa à compreensão do tíbio racionalismo, não é consequência que, despegada da experiência, represente qualquer coisa. O efeito expressivo é amparado pela técnica, mas jamais será potente se calcado em frivolidades: para ser grande, a arte exige os grandes temas.

Estreiteza de visão. — Uma literatura que se pretenda regional peca, desde o princípio, pela estreiteza de visão. Que são as particularidades, senão agravantes? E como o problema central de uma obra pode ser relevante se não universal? A obsessão com a afirmação regional produz, se muito, obras de qualidade inferior: rebaixam a região descrita se a envolvem em banalidades e privam-na de questões abrangentes. Quando um verdadeiro problema, se explorado por um grande artista, naturalmente elevará o seu povo inserindo-o num contexto que suscita empatia e respeito universal.

Essencialmente maleável. — O grandioso, em literatura, envolve a representação viva de manifestações psicológicas contrárias. Grandes autores, naturalmente, estreitam-se e afastam-se de ideologias opostas, a depender do ponto de vista, porquanto o ser grande envolve a capacidade de apreender a realidade sob variadas perspectivas. Um grande autor jamais se lhe permitirá a obra viciada, previsível, e por isso jamais será enquadrável numa caixa ideológica sem milhares de ressalvas.

Uma confissão, de Liev Tolstói. — Engraçado como basta uma única página para perceber-se diante de uma alma grandiosa. Qual a diferença do grande escritor para o escritor mediano? Deixando de lado a estética, o grande escritor aborda as grandes questões da vida. E Tolstói, neste ensaio denominado *Uma confissão*, mostra por que está entre os maiores escritores de todos os tempos: reconhece e encara de frente os maiores problemas humanos. Por que viver, se a vida trata de destruir tudo quanto existe? Por que realizar qualquer esforço se o final é invariavelmente o nada? Como não considerar a vida como o mal supremo, posto desaguar sempre em doença e mortificação? Há alguma coisa que a morte não destrua? Como aceitar o fado, ou antes: como interpretá-lo? Essas e outras questões preenchem as poucas páginas desta obra magnífica, como tudo o que tive contato proveniente da pena desse gênio. Basta uma página, repito, uma página de Tolstói para entender que a grande literatura jamais será somente sobre contar uma boa história — isso também faz a literatura *shallow*. A grande literatura é sequiosa da réplica à pergunta atormentadora: Por quê?

www.ingramcontent.com/pod-product-compliance
Lightning Source LLC
Chambersburg PA
CBHW031625210526
45464CB00004B/1750